以「輪」擊石

Marcy Chan 著

要擁有 1,000 萬，單靠儲蓄，
需要 111 年，

而我只用了 3 年。

我的第一冊，
送給我最愛的母親。

推薦序一

我認識Marcy已經超過十年，還記得他在2010年入職我們公司時的年青、有魄力的模樣，到今天已經成為一個獨當一面的年青企業家，我為他今天的成就感到驕傲。

很榮幸能為Marcy編寫他人生第一本書的推薦序，人的一生往往也為金錢和財富所羈絆，以前的社會只需要勤勤力力，努力讀書和辛勤工作，已經可以令自己享有不錯的生活水平。可是現今社會存在的風險和不確定性，確實比以前的社會大大增加。即使把全副的精神投身於工作，努力考取世界各地的名牌大學，只能剛剛好成為中產的基本條件，所以現今的時代，保險、理財、投資是退休和累積財富的必要元素。

書中亦特別提到不同的風險，很多人不能致富的原因，主要是因為害怕風險而不做任何的投資，但其實與其害怕風險而不敢冒險，倒不如擁抱風險，做好風險管理，通過保險和理財提升個人的持貨能力，提高個人在投資市場上賺取財富的成功率。

祝願各位讀者看完這篇簡單的文章之後，能夠學以致用，踏上致富的階梯。

詹振聲
友邦香港及澳門首席營業官
Chief Agency Officer
AIA Hong Kong & Macau

推薦序二

首先，我深感榮幸能為我的朋友陳遠志先生（Marcy Chan）第一本著作撰寫序言，我認識的Marcy是一位聰明睿智、有活力、對工作充滿激情的領袖，任何人和他一起做每一件事情都能讓人感到安心，並達至完美。

在書中，Marcy提供了許多珍貴的實戰經驗和投資技巧，運用這技巧和正向的思維，累積財富變得更加容易，對於一些希望致富的朋友，我相信細閱這本書後將會有極深刻的體會，對投資和風險也會有更深入的理解。

如今，投資已經成為社會的一種趨勢。我希望更多的讀者通過閱讀這本書，能夠學習到有關致富和投資的知識，並成功創富。

劉志偉
香港工業專業評審局榮譽主席
香港創新科技及製造業聯合總會榮譽主席

推薦序三

作為友邦保險（國際）有限公司Portfolio Management District的高級資深區域總監，Marcy在我區域中創立了Profi District團隊，並已共事超過十多年。我們的團隊針對為高端客戶提供風險管理、財富管理、家族傳承及投資連繫壽險等服務，一直以來屢創佳績，為客戶賺取最大的回報。而Marcy對於團隊亦不遺餘力，不斷尋找新方向突圍而出，創造傳奇。

相信大家閱讀《以輪擊石》後，必定能吸收到最專業的投資秘技和心得，並且更有信心在未來的日子致富和達致財務自由。

陳永業Otto Chan
Portfolio Management District高級資深區域總監

推薦序四

不經不覺我與陳遠志先生已經共事超過十年以上，Marcy在我心目中一直是一個熱心熱血、拼博、有極強執行力和永遠身體力行的領袖。工作上，不論是對外或對內，他常常都有一些天馬行空的想法，有人可能會對他的破格思想半信半疑，但事實上，正正就是因為他這種思維模式才可以帶領他的團隊逆風而行，在過去三年疫情中，在行業裏拿下驕人成績。投資上，他也是靠自己的獨到見解與分析令他在這個變幻莫測的市場環境裏脫穎而出，得到一個一般人難以想像的成果。

致富是每個人都渴望的目標，而投資是實現財富自由的重要途徑之一。然而，投資並非輕而易舉的事情，需要投資者具備良好的理財知識和風險意識，才能在市場中實現投資收益最大化的目標。我希望讀者可以通過Marcy在書中分享的致富思維和實戰經驗啟發一些新的角度，繼而成功創富。

最後，我要再次恭喜Marcy完成了這本書，我知道這一直是他的心願，同時他為了籌備這第一本著作花了很多心血和時間。我感到非常榮幸可以為他這本著作撰寫推薦序，我深信他的未來將會更加光明和成功，很快可以完成他心中的夢想。

劉永剛

斯洛文尼亞駐香港及澳門名譽領事

香港中小型企業總商會理事

香港青年新創見副會長

推薦序五

認識Marcy超過二十年，看著他畢業後從會計師開始，轉職到保險銷售，再一步步的走到今天，成為行業裏的模範，更從個人投資中，累積到可觀的財富。這成功致富的路途其實一點也不平坦。除了他在書中跟大家分享的致富之道外，另一個重要的成功因素，便是他很早就確立了自己的目標，和那堅毅不屈的精神。

其實很多人在大學畢業之後都會對前路感到茫然，但卻又不會認真坐下來思考一下自己未來的事業發展方向。他們或者會什麼工作都試一遍，結果過了十年八載，做過了三五七份工作之後，仍然不知道自己的事業目標是什麼，也不清楚自己的人生方向為何，一直在虛耗光陰、原地踏步。反觀Marcy，畢業沒有多久之後，便確立了自己的財務目標，毅然放棄會計師的工作，轉職保險行業，繼而朝著這個目標一步一步的往前行。中間遇到不少挫折與難關，各樣的人事問題，銷售發展的瓶頸等等，但Marcy卻完全沒有放棄，一心一意的投入工作，甚至犧牲了自己用餐和休息的時間，堅持為客戶服務。這種毅力、這種堅定不移的意志，正正就是Marcy能夠在成功之道上比別人走得更前的重要因素。

你或許會覺得，定立目標、屢敗屢戰，這些都是老生常談的口號呀，每個人都會建議應該這樣做，有什麼特別呢？但問題就是，你在聽到這些老生常談的時候，是左耳入右耳出，還是會在腦子轉幾個圈，認真思考理解，再付諸實行呢？有時候，概念在腦子裏轉的那幾圈，便是奠定成功與失敗的分界線。

在這本書裏，Marcy跟大家分享了他成功致富之道。從時代轉變如何影響致富關鍵，和職業的選擇開始，怎麼可以打破時間和資源的框架，到風險管理、投資和分析工具的選擇等，一步一步闡釋了他如何成功致富的步驟。

本書內容裏有很多概念和想法都非常值得大家參考學習，相信希望能達到致富成功的讀者們，在看畢本書之後，必定能夠在致富的路途上，少走冤枉路。同時我亦希望各位讀者在看完這篇簡單的推薦序後，亦能有所得益，懂得設立目標，堅毅往前。日後在獲取資訊之後，也都會在腦子裏多轉幾圈，多思考和理解，早日達成所確立的目標，成功致富。

尤靖湧
基金經理

推薦序六

Marcy是我在讀大學時認識的好朋友,我是一個很挑朋友的人,正所謂「道不同不相為謀」,好朋友貴精不貴多,能夠成為好朋友一定是很投契,並且能互相學習為彼此帶來正面影響的靈魂夥伴。我從小就是一個比較靦腆的人,讓我真正放開自己學會待人處事的人正是Marcy,是他積極說服我「上莊」,激發了我的潛能。我們一起組織學會活動、溫習功課、完成final year project,更重要的是出來工作以後我們保持聯絡,經常互相勉勵傳達正能量,看著大家不斷突破自己,完成不同的人生目標。今天我祝賀我的好朋友又完成了他的一個人生目標,將他多年的投資心得收錄在這本書,分享給各位有緣人。

疫情三年多,全世界好像按了後退鍵一樣,不過我不認同,因為我看見我身邊的人都能迅速適應變化,尋求了新的工作生活模式,優化了自己的財富及健康,而我在這段時間「雖不能行萬里路,卻閱讀了萬卷書」。Marcy在大學的時候曾經參加了全港大學模擬炒股大賽,問鼎三甲,多年來我也一直聽他說在投資賺錢,但是我從來不知道他是怎樣能做到,直到讀完這本書,我終於明白了箇中奧義。每位投資達人都有自己的投資方程式,他們都是trial and error,集各家之大成後打造了一套自己最合適、最滿意的投資策略。我希望各位有緣人讀完這本書後有所得著,能夠更有效地利用有限的時間,以錢生錢,早日實現財富自由,完成所有人生目標。

吳嘉江Steve Ng

作者好友

國際知名會計師事務所資深合夥人

推薦序七

很榮幸能為本書作者、我的老朋友、大學同學，一位傑出的理財策劃專家Marcy Chan的新書寫序。我跟Marcy相識超過二十載，見證了彼此在人生路上的高低起跌。然而，Marcy始終能夠保持他的初衷——努力憑藉著自己多年的投資經驗與智慧，幫助更多的人在嘗試與探索中找到通向成功的道路，從而達到財務自由的目標。

在人生的旅途中，有些人選擇走平穩的路，有些人選擇冒險探索未知的領域。然而，不管你選擇哪條路，都需要智慧和勇氣。我作為一位高級公務員，已經在穩定而不錯的收入中工作多年。然而，每天在我的腦海裏都縈繞著一個問題：怎樣可以在穩定的收入基礎上，利用投資去更好地為自己的財富增值呢？幸而，Marcy在這方面不斷給我獨特和精闢的意見，使我獲益良多。

在《易經》中有一句話：「知者不惑，仁者不憂，勇者不懼」。這正是Marcy所秉持的信念。他不斷利用自己的智慧為別人尋求在穩定生活中增加財富的機會。在這本書中，他滙集了一系列實用的投資策略與方法，讓讀者能夠在從容不迫的節奏中實現財富增值。Marcy深入淺出地講解了各種投資理財的知識和策略，提供了一系列實用的技巧和建議，幫助各位讀者在投資的路上少走彎路，同時也更有效地管控風險。

作為一位資深的理財策劃專家，Marcy將多年的經驗和心得融入到這本書中，為讀者提供了寶貴的投資理財知識。相信在閱讀這本書之後，您將能夠更好地掌握投資理財的要領，實現財務自由。在這本書的指引下，我們將能擁有更多的選擇，更好地利用「錢」去賺錢，從而可以把更多時間用於和家人朋友相處、管理自己的健康或

發展自己的興趣上。讓我們一同學習，共同成長，期待在不久的將來，大家都能夠實現財務自由，過上更美好的生活。

祝願讀者們在投資的路上一帆風順，再創輝煌！

Anthony
Marcy的大學同學、廿年好友

序

從2003年畢業開始，我就踏上了上班的路途，每天辛勤工作，期望有一天致富，基本上自出來工作開始，生活沒有一天是有空閒的，儘管我已經非常拼搏，但總是覺得金錢不夠用，存不到太多錢。越是希望奮鬥、增加收入的同時，令我感到更加吃力的是，越來越覺得時間不夠，我撫心自問，每天是否已經盡力而為？是否無悔今生？但我不甘心的是，是不是我已經盡力了，而財富只能累積到今天的地步？

每天辛勤工作十多小時，擴展我的團隊，照顧我的客戶和同事，事業越成功時，越覺得時間不夠用，除了每天工作外，也需要陪伴我兩個可愛的女兒和太太，探望我的父親、家人和朋友，更要投資增值在自己身上，不斷學習提升，還要對自己的身體負責任，每天也花一些時間做運動、娛樂和自我溝通，根本怎樣安排時間也好像不足夠。於是只能調整自己，令自己做每件事情都可以更有效。但後來發現，根本不可能用「有效」來鞏固人與人之間的親情、友情和愛情，所以跟大部分人一樣，以前的我也要在那些重要的事情中作出取捨。

首先取捨的，大學畢業後已經不用增值自己，其後放棄運動，管不了自己的身材和健康了；時間再不夠用了，就放棄與父母相處的時間，反正有其他的兄弟姊妹；時間再不夠的話，朋友可以不見，反正家庭才是最重要；再來就是不需要自己的時間，反正自己了解自己，不用花時間溝通；時間真不夠用的話，子女也先放一旁，反正有太太在照顧，如太太也有工作，就讓工人姐姐或父母帶著便可以了；最後，時間還是有點緊，不如愛人也不見，反正已經老夫老妻了，最重要就是有錢，生活才能過得好。

當你心中認為錢才是
最重要的時候，

你就明白為什麼錢
正在統領我們！

你生活得快樂嗎？

送給正追求財富的大家，我們同行在相同的道路上，說穿了，其實所謂的時間不夠用，就是因為錢不夠用而已，因為錢不夠花，所以我們才需要不斷地花時間在工作上，我試過一日來回上海，從凌晨5點起床，坐最早的飛機，直至跟客戶吃過晚飯後，才坐最晚的一班飛機回港，由於疫情後香港往國內的航班不多，所以我還需要先回到深圳，然後坐出租車經過皇崗口岸，坐「黃巴士」回到香港後轉乘的士，真真正正回到家的時間已經是第二天的凌晨3點，當然，那麼急趕回家當然是因為翌日早上有會議，所以一大早又要出門了。

小時候希望自己能在事業中有成就；有成就之後，我就希望有一個龐大的團隊；有了團隊以後，我就希望有幾個秘書能分擔我的工作；有了秘書、行政團隊之後，分在工作上的時間也不夠用，所以我不想開車，想請個司機，現在連司機也有了，時間還不夠用，究竟是什麼原因呢？

多希望我可以學會分身術，把自己一分為二，然後我就可以用多一倍的時間來工作。不對，這句說話有問題，讓我修正一下：
我希望每一天擁有多24小時來幫我賺錢。

我不反對工作，但我反對這樣子花時間來工作，人類一定要工作來貢獻社會，但我們的人生不應為了賺錢而放棄所有重要的事情，我看到很多的富豪和大老闆也真的沒有像我這樣子去工作賺錢，如果我們工作的最後目的是為了賺錢的話。

只有靠投資，
讓錢幫你賺錢。

錢沒有身體，不用健康，
錢沒有父母、子女、愛人、
家人，錢不用增值自己，
也不用娛樂，不需要朋友，
不用睡覺、食飯，他不用生活，
所以不用發工資。

他卻可以專注在幫你賺錢。

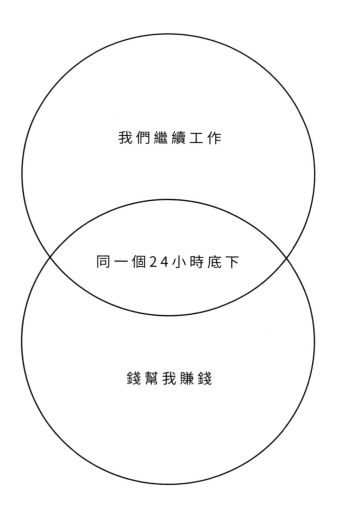

我們繼續工作

同一個24小時底下

錢幫我賺錢

分 身 術

目錄

目錄

1

投資之路

不投資，只會工作到累死

我是一名非常普通的八十後，跟很多香港人一樣，我成長於一個小康之家，爸爸是一名公務員，媽媽則是一名家庭主婦。小時候的我，其實已經覺得家裏非常幸福。

小時候，爸爸媽媽經常跟我說，長大後一定要做一個出色的人，但什麼是一名出色的人呢？70年代的社會，所謂最出色的人，就是讀好書，學歷當然越高越好，基本就是大學畢業，上乘的就是碩士研究生或者博士，然後找一份踏實、穩定而高收入的工作，之後只要努力工作，不怕蝕底，需要加班時就加班，能夠多做一點事情就多做一點事情，那便會邁向成功，而成功的定義就是能夠安居樂業，這就是我成長的年代的一套固有觀念。

可能受到我爸爸的觀念影響，在我心目中，爸爸就是一個非常勤力的人，他一生追求的就是非常穩定的公務員鐵飯碗，他所渴望的目標就是有一個安穩的退休生活，在他當時所身處的公務員制度，只要工作到60歲退休，就會有一份終身的長糧，一份直到他百年歸老後才會終止的收入。為了這一筆未來收入，他要付出的，就是當年的月薪是完全不夠生活。爸爸曾經提過，當時購買了一層位於大窩口的物業，每月供款是450港元，而他的收入只有500港元。為了養大我們三兄弟，他在日間就當一個公務員，晚上或者星期六日放假時再做一份兼職工作，才能勉勉強強維持到生活。

爸爸曾跟我分享過，他覺得農曆新年是一年之中最辛苦的時間，因為公務員並沒有花紅。然而，每年年初，我們都必須交稅，稅項差不多等同一個月家庭收入，日常沒有太多儲蓄的我們，交稅重傷後迎來農曆新年，簡直苦不堪言。但即使怎樣艱苦也好，爸爸都會咬緊牙關，都會扛下去。人類之所以成為萬物之靈，在於我們能夠適應世界的變化，世界永遠在變，雖然我們不能改變世界，但為了生存，我們唯有改變自己，爸爸也不例外，一份公務員收入不足以維持我們一家的生活，那便用公餘時間多做一份兼職，賺取多一份的收入，感恩爸爸的付出，成就了今天的我，養育了我們一家五口，在那個年代來說，我爸爸和媽媽能養活一個家庭，已經是成功人士。

如今我在社會打滾了十多年，努力不懈地工作，試過一星期工作七日，也試過每天早上4點起床準備每天的工作，晚上應酬到凌晨1點才回到家中，翌日再早上4點起床工作，一天24小時我工作21小時，如果健力士紀錄內有統計關於連續上班的紀錄，我認為我工作勤奮程度絕對是人類中數一數二，但可惜，即使我花那麼多的時間在工作，最終我覺悟到的，是我只能成為一個收入高的中產，直至我願意花時間在我的財富上、投資上，我的資產才能有一個突破性的增長。

我相信成就他人，
就是成就自己，
希望我能夠透過本書
讓更多的朋友，
不要在創富的路途上走冤枉路。
致希望能創富、
致富的我們。

You'll Never Walk Alone

2
不能有效創富的原因

香港的變遷

香港回歸

金融風暴

是技術性調整 不要怕

製造業工廠遷移

深圳

香港

自由行盛行

訪客 Visitors

訪客 Visitors

2.1 上一代的創富教育

當我們遇到困難，我們會第一時間尋找相應的問題，從而尋找到正確的答案。

我們對於累積金錢、財富觀念，很多時是受到上一代的思維影響，我們不能夠把上一代的看法當作是錯誤，因為每一代人在培育下一代時，就是按照他們當時的現實環境作出判斷。但是現在時代改變了，我們創富的思維應該汲取前人的經驗，然後根據當下的環境作出改變。

上一代的環境，上一代的家庭教育：

1：知識改變命運

上一代能致富的成功人士，都是專業人士，即醫生、律師、建築師、會計師，越是專業，越能創造出更大的價值。因為在當時的社會，資訊科技並不發達，社會對專業人士的依賴度就越高，專業人士的社會價值就越大，知識能改變命運，就是在當時社會致富的不二法門。

2：為口奔馳

以前的社會經濟急速發展，但大部分人的教育水平有限，在當時來說，人們的基本生活（衣食住行）亦成問題。還記得我小時候，有一天能在餐廳食薄餅、在麥當勞開生日會，已經是非常幸福的事，不要説平日到餐廳用餐，在家中能擁有三餸一湯的平常飯菜也不容易，有時中午只能享用「腐乳撈飯」，「保衛爾」送粥也成為了我們八十後的童年回憶。

3：時間就是金錢

80、90年代，受惠於中國的全面改革開放，經濟發展急速，機遇也多了很多，只要肯捱、肯搏，基本上都能應付生活。經濟發展急速的大時代，各行各業都需要人手，只要我們不怕蝕底、努力工作，花得越多時間在工作上，就能賺取越多金錢。事實上，這個概念也是大部分父母在教育我們時的心得。為什麼工作的時間越長，賺到的錢就越多？只是因為那個年代人手極度不足；我們能用時間換金錢，只是因為當時的時間值錢。

上一代的生活目標：

4：安居樂業

上一代的社會，三餐不繼，很多人的夢想就是擁有一層物業。當時大部分人都需要租屋，眼見業主有穩定的租金收入，而大部分家庭的主要開支就是租金，所以很多人都希望有朝一日能成為業主，擁有自己的物業，省下居住的成本，亦能安享晚年。事實上，經濟急速起飛，物價通脹，房地產急升正是通脹的主要源頭，置業人士除了省下居住成本外，還多了租金收入、物業升值的潛力，物業是當時社會的資產增值不二法門。

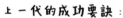

上一代的成功要訣：

與上一代不同，新一代成長於資訊科技發達的環境，加上大部分人也不再需要為口奔馳，基本上也能安居樂業，對致富的理念由為了生活所需，演變成追求有質素的生活。

2.2　現在創富的困難

1：專業人士的價值將會越來越低

世界對於價值的衡量永遠是一套供求的理論，當大部分人學歷都在學士或以上，大學生供應多了，價格就會下跌，因此，大學生的起薪點和以前差不多一樣，並沒有跟隨通脹而上升。加上資訊發達，基本上在網絡中可以找到所有資訊，專業人士的價值也因而變得越來越低，在現代，不再需要大花金錢購買專業人士的知識，賣時間來致富已經不合時宜。

現在的香港

知識普及化，專業價值下降

2：追求生活質素

到了八十後的一代，基本上都能安居樂業，不用過於擔憂生活，所以我們強調的是選擇優質生活——想到餐廳食飯就去餐廳；隨意在家中便能享受美食，即使是普通家庭也能大魚大肉；衣服不缺，只看能負擔多少名牌手袋、手錶；每個中產家庭可能都有一部私家車代步，生活基本上也是無憂無慮。

追求生活質素

大魚大肉

摸酒杯底

3：時間的價值變得越來越少

每個年代也有它的新興行業，現在的新興行業所要求的知識層面比
以往複雜。例如以前做成衣，可能只需懂得使用衣車就足夠，甚至
乎有些人只需要懂得縫合衣服中其中一部分便足夠，所需的技術不
高，而且在短時間內也可以學懂。可是到了現在，要從一個行業轉
型到另一個行業，需要截然不同的專業知識，而且重新學習的時間
以年計算，所以即使多麼勤力也不可能在短時間內轉型，然而，由
於科技發達，行業的興衰周期變得非常短暫，當行業一下子盛極而
衰，便很難找到另一份相應的工作。

行業週期縮短，時間變少

4：樓市不敗神話不再

經過八、九十年代的高速發展，香港樓價高企，大部分人需要花上十年八載的時間才能準備好置業的首期，如果要完全擁有一個物業的話，大部分人都會選擇用上30年期的供款，累積首期加上按揭的供款平均要花上40年的時間，這差不多就是一個打工仔整個工作生涯（23歲大學畢業，63歲才能供完物業。）但換來的私人物業，面積可能和自己正居住的公屋單位差不多，所以很多年青人都對置業卻步。以客觀條件來說，經過上一代的努力，大部分家庭也有一個固定的居所，所以在長遠而言，物業是否能如報道所說有剛性需求，我是有所保留的。

磚頭可再不值錢

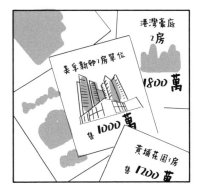

2.3　上一代創富思維未能解決今日的挑戰

很多人以為在現代社會找到一份大企業的工作就能過著安穩的生活，但這其實是一個陷阱。小時候的我，一直以為努力讀書、拿到獎學金、入讀名牌大學、畢業後找一份大企業的工作，便會前途無限。所以，當我就讀香港科技大學會計系時，便以為出來工作，必須考進跨國的大型會計師事務所、並考取一個專業的會計師資格，就能扶搖直上，但這根本是我們上一代的思維和在上一代社會中能成功的元素之一，可惜現代社會正身處科技發達、訊息爆炸的年代，「專業」的價值已相對我成長的年代已經降低了不少，以前專業事情要交由專業人士負責，而懂得專業事情的人不多，所以專業人士的價值非常高。可是，現今的社會的大部分專業知識，都能在互聯網中尋找答案。不過，我並不認為今天科技能完全取替任何專業，但不能否認的是，需要專業人士幫忙的專業範疇不多，所以對比以前，我們願意花在專業的價錢上也降低了不少。

大企業工作 ≠ 安穩人生

時間換金錢：

上天是公平的，不管你是富二代，或是生於一個捉襟見肘的家庭，每人每天都只能有24小時。問題在於我們怎樣分配這24小時，扣除了我們正常休息的8小時後，家庭、事業、愛情、朋友、娛樂以至增值進修、興趣、me-time、健康管理都要分配時間，所以，基本上時間在人生中是非常不足夠的，正正因為時間不足，社會才需要人分工合作，專門學做一件事情，這就是所謂的專業。

時間分配的重要性

專業：

其實專業本身就擁有莫大的風險，傳統的風險管理，就是把風險分散，但專業正正把我們的收入集中在一個行業當中，因為人的時間有限，並不能兼顧多方面的行業發展，而每個行業的知識，就成了大學的學科，除了要學習前人所敘述的知識以外，還需要配合每一個年代的現實狀況，累積行業的經驗，不斷發展以行業為中心的個人人脈，才可以在行業中站穩陣腳、獨當一面。

專業人士的成功之路

VS

你有沒有想過，你的專業，
有朝一日，會被科技取替？

2.4　科技對專業的衝擊

有沒有想過，你所投身的專業，有朝一日會被科技取替？

以前在農村社會，科技還未發達的時候，人們要透過耕種和打水才能維持到基本生活，一塊田基本上只能種植一種食物，要種植到能維持全家人生活的食物，可能需要十個以上的農夫才能種到，我沒有做過農夫，但農夫的生活應該是日出而作，日入而息，要花一整天的時間，才能把耕種的工作做好，日復一日、年復一年，持續地工作才能維持生活，這跟現今社會的生活模式其實是沒有分別的。

但自從有了科技之後，很多務農工作也可以被機器取代，相同面積的一塊田，以前需要十個人才能完成，現在可能只需要一至兩個人就可以完成同樣的事情，這就是科技發展，也是無法避免的發展。從宏觀來看，科技的推進令到我們生活更加舒適，試想像一下，十個人的工作在使用科技後便變成兩個人的工作，大大減低成本，被取替的八個人又可以生產其他食物，這樣一來，我們的生活便會越來越豐盛、越來越輕鬆。

不過，科技發展同時間犧牲了不少人的專業。當然，十個人的工作變為兩個人的工作能大大提升每一個人的生產力，被取替的八個人又可以生產其他食物，但是，社會的資源有限，哪來那麼多的田地供人使用？最重要的問題是，有些農夫窮一生的精力學習怎樣去栽種一種產物，但要種植出一種產物其實也不簡單，什麼時候需要播種？怎樣開發一個農地？怎樣施肥？怎樣耕作？各種天氣變化下需要做什麼事？這些全都是依靠經驗的累積，或是通過不斷的交流，累積知識層面的學習，並不是一朝一夕就可以做到的，所以很多人窮一生精力累積一門手藝技術，現在多了科技之後，對技術人才需求大大減低，基於供求理論，農夫的價值也大大減少，可悲的是，隨著社會的進步，今天的社會已經不需要農夫這行業了，即是這個

專業已經沒有價值。

就是這樣，一個專業被科技發展淘汰了。

最近有一則新聞報道指香港的STEM教學，已經在教小學生編寫智能應用程式（Apps），一個小六生已經能運用一些工具，簡單製作出一個小遊戲的Apps。一個程式的開發，根本就是一門大學的學科，同樣地通過不斷的經驗累積，不斷的演進，才能把一個小小的應用程式寫好、推出市場，還記得多年前的「貪食蛇」遊戲嗎？

只是簡單得以點和線連成的遊戲，沒有蛇的形狀，也是靠玩家自己想像一條蛇出來，但小時候的我已經玩得樂此不疲。以往，簡簡單單的遊戲可能已經需要十個八個具經驗的程式員編寫而成。但今天，可能一個小學生已經能通過一些程式平台編寫出來，跟務農一樣，基於供求理論，程式員的需求大大減小，人員的價值亦會相應減低。

現代小學雞教學

2.5　時間框架

創富的困難，在於每一個人的時間有限：

就如人生的矛盾，我們既希望科技迅速發展，因為有了科技，我們的社會便會有所進步，與此同時專業又會被科技淘汰，無奈我們每天只有24小時，沒有時間了解所有知識，所以又只能發展專業，這就是為什麼只有少數人能致富的原因。

歸根究底，時間根本不夠用，我們只能發展專業，但專業又會被社會淘汰！

專業的風險

之前說到，小時候的致富理論，就是讀好一點書、進入大學、越能學懂專門的專業，越能成為專業人士，並得到成功，而大部分人的成功理論就是致富。但其實越專業，越難致富，因為我們根本不知道我們的專業會在什麼時候被科技淘汰，也想像不到科技所帶來的威力，一旦我們學習的專業被科技所取替，專業的價值就會大大減低，真真正正被社會淘汰掉。

既然現今的環境與
之前的環境截然不同，
今天創富的思維也必須
隨著環境的轉變而有所改變。

科技發展一日千里，
今天的時間價值
比以往低很多。

要用最短的時間，
創造出第一桶金，
從而創造財富。

3
財富累積的痛點

專業孤島

3.1　上班思維vs創業煩惱

大企業的困惑

很多人也希望進入大企業工作，原因在於大企業能夠成為業界翹楚，當中一定有很多值得學習的系統。但撫心自問，想到大企業工作的真正原因是什麼呢？可能是想自己學習的專業被認同，能夠被大企業選中，即代表自己就是行業中的精英、前途無限，社會地位也隨之大大提升，但這正正就是「上班思維」。

其實社會地位這概念是上流社會給予普通人的一個框架，對於致富實際上是沒有太多幫助，而且爭取成為上流社會階層但在財富上達不到上流階層的水平是一個危險的思維，因為現今社會，能在大企業工作不等於擁有很大筆財富；能成為專業人士也不等同擁有很大的財富；能購買名牌、名錶、名車或得到高級專尚的會籍，也不等於擁有很大的財富，成為一個中產階級便可以得到大部分我們以前嚮往的東西，但有苦自己知，這些概念都不過是社會的勢力人士給予我們的優越感。

大企業擁有成熟的工作程序、系統，在大企業工作，我們只能成為當中的一口螺絲，令我們更為專業，久而久之，我們只能在這所大企業工作，越來越少選擇，因為知識的累積、經驗全都是這所大企業的獨立職位功能，太過集中於一個行業、職業的話，一旦有其他更好更便宜的技術人員或科技出現的話，我們的風險就會出現，而且很難解決。

3.2　創業的困難

不論在大公司或小公司工作，都會面對不同的挑戰，人事、工作環境、行業整體情況、公司經營、市場環境等等，都令到我們得出一個結論：「工字無出頭」，既然「工字無出頭」，所以很多人在工作了一段時間之後就會嘗試創業，希望把自己的工作理念放在自己的公司上，而且希望通過創業，能讓財富有無上限的突破。

可是，創業並不是那麼簡單，在簡簡單單的業務上，例如貿易，在一買一賣之間也有很多學問。所謂的貿易，首先當然需要採購貨物，在哪裏買貨、貨物的獨特性、有什麼競爭優勢、怎樣跟廠房議價；另一方面，怎樣賣出貨物，包括怎樣做好市場推廣、賣貨定價、在哪裏推廣、在哪裏銷售、誰去推廣、誰去銷售、存貨地點、包裝；以至行政上各職級的工資、前線人員的提成、怎樣升職、怎樣降職，不同的行政程序、制定不同的文件、獎勵制度，還有解決不同業務上的問題，以及人脈累積、溝通技巧等等。在我看來，要成功創業，根本需要很多知識和全面的個人能力要求，所以成功創業的機率很低，可是創業是用上我們在工作上累積的所有儲蓄，一旦創業失敗，代價就是我們多年來的努力，所以創業是一個高風險、高回報的投資。

我本人不是反對創業，相反，我是極度鼓勵更多人創業，因為這也是其中一個令人致富的途徑，只是在投資高風險項目時，最重要的就是做好風險管理。

工字無出頭？

3.3　自僱

自僱的好處：

打工和創業處於工作的兩個極端，我認為在創業和打工中間就是「自僱」，我稱之為「半創業」。在沒有任何方法尋找資金時，我認為一個人最值錢的，就是我們的「時間」，如果我們必須要賣時間來換取金錢的話，為什麼我們不選擇在風險最低的情況下賺取最多的金錢，同時又可以為了未來創業做好準備的方法呢？

創業 VS 打工

代理模式的工作：

代理，就是代表一間公司（委託人）銷售他們的產品，類似自己創業一樣，但又與創業不同，代理人不需要像創業一樣投資，亦不需要付出資金買貨以供與客戶交易，因為提供產品是委託人的責任，委託人只是利用代理人作為銷售他們產品的渠道。代理人既不用投入資金，但當賣出產品的時候就可以跟委託人分享產品利潤，所以

我稱這種模式為半創業。代理人模式的工作有保險行業、不同類型的經理人、地產行業等。

沒有保證的工資是最高的利潤：

所謂「自僱」人士，他們是沒有任何的保證工資，即如果找不到生意的話，就會沒有收入。但我認為這是沒有任何問題，因為即使我們找一份前線的工作，如果沒有生意的話，僱主亦不會長期聘用，但因為僱主保證了僱員會有穩定的收入，所以僱主不需要把所有的利潤都跟員工分成。反觀自僱人士就不同，僱主沒有保證到自僱人士的收入，所以利潤分成會比較高，這就是為什麼會比較像創業一樣，找到生意，自僱人士就享有完整的利潤。

半創業（代理人）

穩定工作 　　　　　　　　　　　　　　　　　　創業

用最短的時間累積金錢：

由於代理人模式只需要銷售產品，這亦是創業當中最重要的環節，有了銷售的收入，才會衍生出其餘的工作，例如會計、市場推廣、法律部門、人事部門、行政部門等等，這些部門也是創業中的重要組成部分，但代理人模式的創業，我們可以從企業的最頂層開始，親自下場嘗試感受市場開發和銷售，慢慢學習客戶購買產品或服務的因素。加上代理人模式，並不受聘於任何企業，沒有固定的上班時間，時間絕對自主，我們從代理人模式中可以用最短的時間累積最多的金錢。

人脈圈：

世界最暢銷的產品，都是幫助改善人類生活的產品。所以關鍵在於
我們怎樣與人交往，讓他們了解該產品能怎樣幫助我們改善生活，
所以我們越接觸市場，就可以鍛鍊到創業最重要的溝通技巧。因為
我們不斷接觸客戶，亦想盡辦法尋找更高端的客戶，現今能提升競
爭力的重點在於服務上，所以越能和客戶建立關係，越能幫助銷
售，代理人亦能從中加強自身的人脈資源，對將來發展自己的生意
時有很大的幫助。

打工 VS 創業

打工 vs 創業

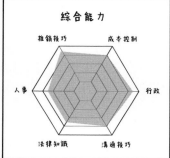

不同方法累積第一桶金：

時間換金錢的工作	工作	半創業代理人	創業
時間框架	長	自主	自主
資金投入	不用	不用	大
利潤	低 保證的工資	中 產品利潤分成	高 整個生意的利潤
人脈擴展	在工作指定範圍內擴展，客戶主要相信所屬公司的品牌	任何方法去擴展人脈，同時客戶相信產品企業品牌和代理人	任何方法去擴展人脈，客戶相信的是創業者的能力
經驗累積	經驗累積主要在工作範圍中，可能只是其中的一個企業的程序	經驗累積主要在銷售方面，有時牽涉市場推廣，跟客戶和合作伙伴的溝通技巧	經驗的累積是整個企業不同的部門，差不多所有企業的運作都要接觸

累積第一桶金的三個階段：

創業：
投資成立公司
開展創富新一頁

半創業：
代理人
集中累積經驗
在銷售上

工作：
小型公司
吸收企業的運作
累積經驗

時間就是我們的老師，
慢慢你會發覺，
不管你多麼努力，
也累積不了多大的財富。

4
金錢

金錢的定義？

4.1　認識金錢

不管我們用什麼「時間換金錢」的方法，也只有極少數的人可以致富，因為我們並沒有完全的了解金錢，最奇怪的是，我們從小到大，都沒有一個學科教導我們什麼是金錢，但我們畢業以後，很多人都是窮一生精力為金錢而工作，那麼金錢到底是什麼？

金錢的出現

金錢作為交易工具

金錢本身不具備價值，真正有價值的是金錢背後能換上的東西。在金錢還未出現的時候，人們是通過「以物易物」的方式來完成交易，例如：我用一頭牛和其他人交換三隻雞，久而久之，人們發覺物易物的交易方式有很多壞處，所以人們便發明了金錢作為交易媒介，因為：

1：金錢易於存放，體積細小。
2：金錢可以延遲交易，不一定用一件物件馬上換上另一樣實物，有保值的作用。
3：金錢有統一量度單位，交易的共同語言。
4：金錢易於攜帶，可以跟更遠的人交易。

為何使用金錢？

有了這些好處之後，金錢的存在目的就是作為「交易媒介」，如果金錢不能購買另一樣的物品，金錢根本沒有價值。以前的社會和現代社會不同，以前的社會沒有現代社會般富裕，說得上「餐搵餐清」，只要沒有用上「穀種」便是一年豐盛的年份，不用考慮怎樣儲蓄。但現在的社會不一樣了，一般的家庭也在富裕起來，人們的目標也由有沒有存錢變成存多少錢，所以，現代人普遍的課題成為了如何保留金錢的背後價值。

金錢反映了一個人的生產力

既然金錢是一種「交易媒介」，那為什麼有些人能擁有那麼多的金錢？原因很簡單，因為他們能生產更多的產品，舉個例子：正常而言，一個人只能耕種一塊農田，所以只會有一塊農田的收成，部分收成會拿去交易其他貨物。但如果有人能想到新的耕種方式，將一塊田的收成增加至兩塊田的話，那就能交換到更多貨物。可見，金錢反映了一個人的「生產力」——生產多少貨物、創造多少價值，越能創造價值，便越能創造更多的金錢。

金錢與生產力

當我們認識金錢之後，便得出兩個結論：

第一，金錢本身沒有價值，只有能換上其他物件才可體現出金錢的重要性。
所以怎樣保留金錢，把金錢存放在哪裏、怎樣管理金錢，並在未來換上更多產品是現代每一個人的課題。

第二，金錢等於生產力，如何在有限時間內提升個人生產力才是致富的關鍵。
致富的最大敵人就是時間，因為每個人每天也只有24小時，誰能洞悉怎樣運用有限的時間生產更多的價值，誰就可以得到無限的財富。

結論1：金錢本是無一物

結論2：金錢等於生產力

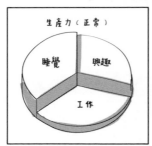
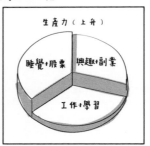

4.2　金錢的價值

最近找到了一條舊新聞，九龍城新泰樓的單位，80年代開售，六層低密度屋苑，一廳三房，當時的售價僅僅9.3萬港元，時至今天，根據中原地產的網站，新泰樓同款單位的最新成交紀錄是接近600萬港元，40年間增值了超過64.5倍。

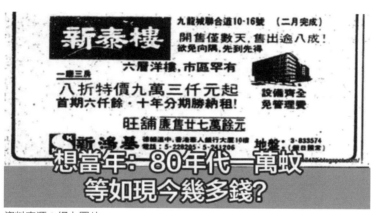

資料來源：網上圖片

日期	地址	間隔	平面圖	成交價	面積(實)	呎價(實)	上手成交及升跌	資料來源
2021-07-06	新泰樓 三樓 A室	--	圖	$596 萬	361呎	@$16,500	2016-02-19 +65%	土地註冊處
2018-07-05	新泰樓 四樓 C室	--	圖	$680 萬	426呎	@$15,962	1996-12-18 +289%	土地註冊處
2017-06-09	新泰樓 三樓 G室	--	圖	$400 萬	443呎	@$9,029	--	土地註冊處
2016-03-18	新泰樓 三樓 A室	--	圖	$360 萬	361呎	@$9,972	2011-11-04 +112%	土地註冊處
2015-07-17	新泰樓 五樓 E室	--	圖	$355 萬	361呎	@$9,834	--	土地註冊處
2014-12-08	新泰樓 四樓 B室	--	圖	$320 萬	361呎	@$8,864	--	土地註冊處
2014-05-12	新泰樓 六樓 B室	--	圖	$316 萬	361呎	@$8,753	2009-11-26 +94%	土地註冊處
2012-11-22	新泰樓 二樓 B室	--	圖	$306 萬	361呎	@$8,476	2009-06-01 +96%	土地註冊處
2011-12-02	新泰樓 三樓 A室	--	圖	$170 萬	361呎	@$4,709	2006-10-06 +83%	土地註冊處
2009-12-15	新泰樓 六樓 B室	--	圖	$163 萬	361呎	@$4,515	2009-06-15 +23%	土地註冊處

資料來源：中原地產網站

很多朋友都誤會了，以為香港的房地產升值潛力超群，但大家細心想一下，40年前的房子對比現在的新式樓盤，既沒有豪華會所，又沒有屋苑配套，加上設施大多殘舊，電梯、防火設備、水管等設施可能需要全面翻新，維修成本高昂，為何樓價還會增值了那麼多？事實上，我認為這個房子並沒有升值，還折舊了不少，只是因為金錢的價值比起80年代時減值了不小，64.5倍的增長反映了金錢的價值下降，所以即使單位折舊了，樓價亦會上升，與此同時反映了以前的9.3萬港元相等於今天的600萬港元。當然，如果當時把資金投放在這物業身上，資金便可保值，相反，如果在80年代把這9.3萬港元的資金放到銀行上的話，直到今天，連本帶利息很可能只有20萬至30萬港元左右，因為自2000年開始，全球各國也在走低利率的政策，20萬到30萬港元的資金，今天就連該單位的洗手間也買不起。

4.3 煉金術

**既然金錢是用來交易，那麼為什麼
我們一開始能相信金錢是有價值可以給交易？**

既然金錢是用來交易，那為什麼我們一開始能相信金錢是有價值可
供交易？

信用的重要

在以前還沒有國際貿易的社會，金錢就是各個國家自行發出的貨
幣，貨幣一般是由政府經銀行統一發出，市民利用政府所發出的貨
幣進行交易。但在18世紀之後，國際間的貿易越見頻繁，交易時
便需要使用其他國家的貨幣，為了增加貨幣的信任度，各國開始儲
備與自身發行紙幣等額的黃金，令他們的貨幣更有信用，這政策稱
為「金本位政策」，由於黃金始終是有限的資源，所以能有效限制
每個國家不會濫發貨幣，以免造成貶值。

貨幣價值不一，黃金成交易標準

美國的煉金術

後來，貨幣的發展和信譽開始跟國家的繁榮穩定度掛鉤，到了二次世界大戰之後，美國一枝獨秀的走向繁榮巔峰。當人們極度相信美國的霸主地位時，美金就慢慢成為了國際間的主要貨幣，有些國家由於當地的黃金資源不足，加上黃金的運輸費高昂，便開始棄用黃金而轉用美金作為支撐其國家的貨幣，我們稱之為外匯儲備。

二戰促成美元的國際地位

1971年8月，時任美國總統尼克遜全面取消金本位政策，這決定對今天的經濟環境造成極度深遠的影響，自取消金本位的政策以後，美國人一直醉心的煉金術終於實現了，現在，美國喜歡用多少錢，就可以用印刷機大肆複印貨幣，令金錢的價值降低，這就是「量化寬鬆」政策的根基。

有了「煉金術」之後，美國經濟急速發展，在2008年金融海嘯之後最為顯著，推出了「量化寬鬆」後，要多少錢便有多少錢。因為只要美金是全球的主要貨幣，美國就能一直成為地球的霸主、經濟最繁榮的國家，而且也不會害怕過度借貸的債務，因為借貸是以美金來結算，所以理論上也是用美金來歸還，而美金是美國的貨幣，所以只要美金是國際的主要貨幣，美國就能隨時複印美金。所以美國必須鞏固美金作為國際主要貨幣的地位，不容許其他國家迎頭而上，所以才會導致中美貿易戰，而且會在不同層面上開打，變成常態化的國際關係。

量化寬鬆

4.4 長期停留在中產或貧窮的原因

貨幣越來越不值錢

美國的貨幣政策令全球貨幣價值降低，現在你會發現，即使每天辛勞地工作，賺到可觀的收入，花更多時間在工作上，也可能只是僅僅應付到日常的生活所需，根本不可能累積財富，因為即使我們更努力、更花時間去工作，生產力又怎能追得上影印機的速度呢？現在我們累積財富的挑戰在於時間不夠用，因為貨幣供應一直增加，使貨幣的價值減少，但時間卻沒有相應增加，導致我們存錢的能力降低。由於以存錢方式累積的財富的速度很慢，因此能購買到比較大型的資產，例如房屋的可能性將變得越來越小，甚至需要花上一輩子的時間才能擁有。由於累積財富的速度很慢，使財富留在銀行的時間變得越來越長，這對於累積財富來說非常不利，造成惡性循環。

長期停留在中產或貧窮的原因，財富累積的惡性循環：

靠工作、用時間換金錢把財富累積的方法越來越慢

金錢需要留在銀行以購買大型資產，但留在銀行的時間越長，存款越追不上物價

大型的資產例如物業，越來越難擁有，金錢唯有留在銀行

金錢留在銀行，價值變得越來越少，要再努力、再花時間工作來維持生活

財富累積，只能靠投資。

5
為什要投資？

5.1　創造一天48小時

要解決儲蓄的惡性循環，我認為最好的做法就是創造更多的時間為我們賺錢，所以我們需要投資，讓金錢為你工作，那時間就會截然多了一倍，因為一方面我們用自己的時間賺錢；另一方面則用金錢為我們賺錢，這等同我們多了一個私人助理一樣，多了一個「人」為我們賺錢，於是就像多了一倍時間一樣。因為金錢不是一個實體的人，所以它不用吃、不用喝、也不用睡，24小時專心為你賺錢。

投資面對的挑戰

如果有一名不用吃、不用休息，只專注幫我們賺錢的免費私人助理，我相信是沒有人會拒絕，但這位金錢的私人助理也有情緒，而且情緒還比我們想像中的大，她高興的時候可以將你的財富在一天內提高20%到30%；當她情緒低落時，就會把你的財富弄得焦頭爛額，虧損掉你那辛辛苦苦累積的財富。聘請一名私人助理的原意是希望能為資產作增值，但有時卻變成了資產損失，那就是得不償失，這亦是大部分人不願意投資的原因。因為賺錢很辛苦，沒有人希望把辛辛苦苦賺來的錢輸在投資市場上，要解決這個問題，我認為我們要有創富的思維。

財富增加

5.2 心理質素

思維影響實相

如果以前是知識改變命運，那我認為現在是思維改變命運，一個人能夠致富，首先要在思維上相信自己是一名能改變自身命運的人，我認識很多富裕的朋友，他們在心態上都會相信自己能夠創造更多的財富。雖然他們的人生路途也跟我們一樣充滿了大大小小的挑戰，但他們卻會相信自己是能夠衝破困難並達致成功的少數人。對！相信是一個選擇，雖然不會因為我們相信了什麼就必然會出現自己相信的事，但如果連相信的勇氣也沒有，那財富就肯定不會找上我們。引用吸引力法則的概念來說，當我們面對挑戰或困難時，如果我們相信自己能夠解決，我們就會選擇不同的方法來解決問題，一個方法不行，就嘗試幾個不同的方法。還記得幾年前的政府宣傳，「辦法總比困難多」，我相信只要專注努力去解決問題，問題便可以迎刃而解。

相信自己就是致富第一步

致富的思維

能致富的人，一般都相信自己會成功的。思維改變命運，現時很多
流行的身心靈課程也有講述，你覺得你能成功，你就會成功；你覺
得你值得擁有金錢財富，你就可以擁有金錢財富，這就是所謂的吸
引力法則，人的大腦、思維以至信念能量，有著許多科學也未能完
全解釋的地方，通過正向思維，在投資遇上的風險時，大多能安然
渡過。因為在投資的路上，少不了遇上風浪，很多時候都要抱有極
大的信心，才可以安然渡過市場的波動。

正面思維

最重要的投資思維就是正面，正向地面對不同的風險，以我的經
驗，投資十居其九都不是一投下去便會升的，很多時候反而都是太
早買入或太遲賣出，但其實短期的股價波動並不會影響你最終的投
資表現。

我是平凡人

我會變有錢人

我一定成功，
並會有巨額財富

6

投資的挑戰

6.1　保證成本

投資的最大挑戰就是風險，當資金投進一個資產上，就有機會虧損，但投資的魅力正正在於市場的波動，使價格有高低，如果市場沒有波動的話，資金放在資產中亦不會增長得那麼快，增長的速度超越了時間的框架。

保證的成本

究竟世界上有什麼東西是保證的呢？
努力工作真的保證會賺到錢？
留在家中一定保證安全？
錢放在銀行中就保證不虧嗎？

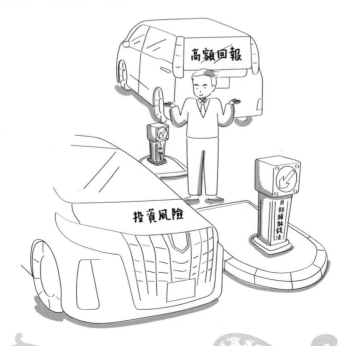

以上的問題令我明白到，世界上根本就沒有保證這一回事，因為風險無處不在，若果要「保證」一件事情，我認為是必須要付出「成本」方能保證，例如我要保證能準時到達某一個場合，我必須花多一點時間以提早到達，如果正常情況下要30分鐘才能到達的地方，我會提早1小時，甚至2小時的時間出門。所以能有多大程度的保證，視乎你能花多少成本去保證這事情發生。

因為世界上是沒有保證的，只是風險高與低的問題或你願意付出多少成本。

舉一個例子：
我把一萬元放在銀行上，銀行存款利率有1%。
那麼一年後我們便賺到100港元利息。

從這個例子當中，銀行非常慷慨，我們把資金存放在銀行中，他們不但沒有收取手續費，更給予我們利息。但實際上，把錢存放在銀行內，很多人也明白當中是有通脹風險的。

假設，通脹率為一年4%的話，在上述例子中，我們的實際回報是-300港元。在理論上，把錢放在銀行是有機會賺錢，只要銀行利率高於通脹率便可以，只是實際上發生如此案例的機會率應該少之有少，故此所謂的保證回報並不能實現，反之這只是保證虧損的做法。

其實大家也明白當中的道理，把資金放在銀行基本上是只虧不賺，但為什麼我們要堅持放那麼多資金在銀行呢？因為我們需要流動資金以應付不時之需，而這些突如其來的資金周轉絕對影響我們的「持貨能力」，所以我們不是不知道把資金放在銀行是虧損，而是我們有必要把資金留在銀行，副產品就是會產生通脹的損失，我稱之為「流動性成本」——為了保持資金的流動性而付出的代價。

例子解說：

6.2　擁抱風險

如果因為「保證」而付出沉重的代價，我認為我們都可以選擇接受風險。回到剛剛準時達到目的地的例子，原本我希望保證能準時到達目的地，所以我提前1小時出門，正如我之前提到，人的時間成本才是最昂貴，如果我不願意花1小時的時間成本，並接受路上可能出現的堵車風險，把提前預算的時間縮減15分鐘，那麼省下的時間就生產其他更有價值的東西；當然我可以再進取一點，本身的路程需要30分鐘，但我冒險只花20分鐘，期望路面不但比正常暢順，而且還可以遇上一個願意為我超速的的士司機，雖然這樣的安排會使我的遲到機率大大提高，但如果一切順利的話，我就被其他人多出10分鐘了，難怪多數會遲到的都是年青人，因為最能夠承受風險的就是年青人。當然，我接受一個「高風險」的選擇，即遲到的可能性極高，反觀回報只是騰出了10分鐘的空餘時間，這個風險與回報的關係值不值得真是因人而異。

6.3　提升持貨能力

首先我們要明白，我們絕對不是一名預言家或者能通過看水晶來預知未來的人，反之，就像巴菲特所言，市場就像患了精神病一樣的市場先生，無緣無故可以大升，亦可以大跌，有時我非常同情一些財經版記者，明明是無緣無故的升跌，但又要解釋為什麼每天股市會升或跌。我認為很多時候的股市升跌，都是市場情緒因素居多，像人的開心或不開心一樣，不是每次情緒波動都有其原因的，所以我們需要有「持貨能力」，就算我們判斷大市的長遠走向正確，短期的波動確實難以預料，如果因為突如其來的意外導致到我們需要動用到投資的資金的話，投資可能會有重大虧損，畢竟市場不會因為你突如其來的應急而立即回升。如果因為流動性不足而導致虧損的話，那就有點可惜。

7

創造更多的「閑錢」

7.1　理財規劃：
等於企業的預算和財務報表

解決資金流動性問題

要解決資金流動性問題，其實相當簡單，只要通過一個簡單的理財規劃便可以了，我們一般都是通過「理財金字塔」來逐步地完成我們的理財規劃。

一般的「理財金字塔」分為三個階梯：
流動現金、保障、投資。

每一個階梯都需要仔細規劃，就像我們趕時間的情況下開車，那是沒有時間檢查好車的配置是怎樣、車輪是否安全、煞車系統是否正常，這些都要在日常定期檢查才行。如果車輛能收放自如，車速便可以開得更快、走得更遠。

理財金字塔

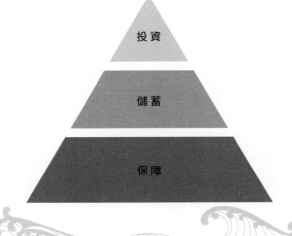

最基本的理財規劃，就是要計算好自己的財政狀況，每個月的收入是多少？支出是多少？很多人沒有計算自己的財務狀況，主要是源於沒有時間，或者是逃避現實。正如之前所述，其實人最公平的地方，就是每個人的每天都只有24小時，問題在於我們怎樣分配這個寶貴的資源。大部分人錯誤地把大部分時間分配到把時間換金錢的工作上，我不是說我們不應該花時間工作，而是我認為我們不應該把全部或大部分時間放在時間換金錢的工作上，因為人生有比工作更有意義的東西。利用時間換金錢只是在換取我們的生活所需，而真正能令到我們資產增值的方法其實是投資，要做一個好的投資，我們需要強大的持貨能力，所以我們要理財規劃。要抓緊財富增值的突破點，基礎是要計算每個月的支出和收入是理財規劃，所以我們應該分配一些時間在規劃預算上。試想想，有沒有一間上市公司是沒有財務報表的？其實簡單的收入和支出表格，就是我們的財務報表。

制訂個人財務報表

現在有很多手機應用程式都可以用作記錄我們每個月的開支，我會建議先記錄每天的日常開支，然後梳理出每年皆會出現的一次性開支，例如稅務、更換電子產品、旅遊等，把這些一次性開支攤分成每個月的開支，使自身的財務報表更為清晰。

開設兩個戶口，先存款，後花費

每個人都應該要有儲蓄習慣，如果計算好個人財務報表計算後，發現自己的收入比支出少，這其實是一個危險的訊號，那便要控制支出，管理現金流方面，簡單來說只有開源節流，如果收入比支出少的話，我較為反對投放更多時間以換取更多收入，反而傾向節流，減少多餘的開支，或者省下非必要的開支。

在收入減去支出後所剩下的資金，我提議把這些資金存放在另一個戶口中，即一個戶口是用來應付每月的日常開支，另一個戶口則用作儲蓄，並嘗試至少三個月內不動用這個儲蓄戶口內的錢，這三個月就是要測試日常是否不需要動用該筆資金，我稱之為「閑錢」，因為「閑錢」的持貨能力是最大的，即使發生什麼事，也不需要動用到該筆資金。

在時間分配上，最佳的理財安排是先計算每月能儲蓄多少錢，每當發薪水後，我們先將用作儲蓄的錢轉帳到另一個銀行戶口中，那就可以安心地花剩下的資金。

利用「閑錢」投資的達人

我認識一位投資者，我從來沒聽說過他投資股票損手，而且他真的沒有說謊，這個投資達人就是我爸爸。之前說過，我爸爸是一名退休公務員，有穩定的「長糧」收入，所以留在銀行的資金基本上都是「閑錢」，爸爸常說政府的「長糧」就是要他們跟政府「鬥長命」，如果長命一點，便能拿多一點「長糧」。這也是最好的退休計劃，把資金變流動，只要把每月支出控制在退休收入內，那麼放在銀行的錢對他來說就是「閑錢」，可以用於投資，所以他投資只有一個理論，就是只會購買恆生指數的成分股，而且是最大型的那些企業，買入股票後就進入等待階段，直至能賺取超過十萬以上時才賣出。如果股價向下的話，他就放在一旁等待，不管要花多長時間，直至等到股價再漲回來賺十萬才賣出。儘管不能評論他這樣的投資方式是否正確，但他到目前為止，仍能做到只賺不虧。

不過爸爸同時留了很多現金在銀行，這是由於身體狀況，他已經無法購買保險，因此需要預留上過百萬的現金來應付未來可能出現的醫療開支。

爸爸的投資秘訣

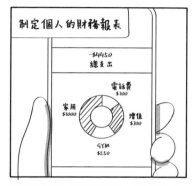

制定個人的財務報表

先存款，後花費

「閒錢」以外去玩樂

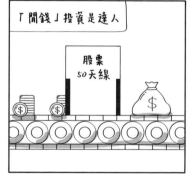

「閒錢」投資是達人

沒有理財規劃的做法：

```
只有一個銀行戶口
          收入
  —      支出
  ≡      儲蓄
```

理財規劃

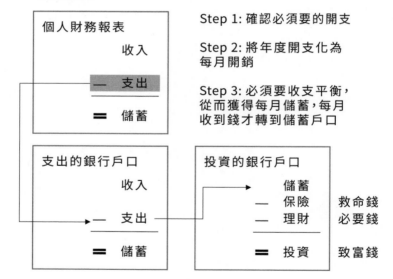

```
個人財務報表
          收入
  —      支出
  ≡      儲蓄
```

Step 1: 確認必須要的開支

Step 2: 將年度開支化為
每月開銷

Step 3: 必須要收支平衡，
從而獲得每月儲蓄，每月
收到錢才轉到儲蓄戶口

```
支出的銀行戶口
          收入
  —      支出
  ≡      儲蓄
```

```
投資的銀行戶口
          儲蓄        救命錢
  —      保險        必要錢
  —      理財
  ≡      投資        致富錢
```

7.2　風險管理

既然避免不到風險，何不接受並擁抱風險呢？知道了會有風險，最好的方法就是管理風險，以下有幾項風險管理的方法：

保留風險

保留風險就是因為發生風險的機率不高，當風險出現時，所面對的損失亦不大，所以我們可以選擇保留但不處理這些風險，知道有風險的存在便足夠了。例如在網上購物，交易的金額不高，但亦有機會受騙，這情況我們可以選擇保留風險。

規避風險

如果風險過大,而發生風險的機率很高且後果非常嚴重,我們可以選擇完全不做這項活動或交易,從而規避這類風險。例如在刮颱風的時候出海,一旦發生意外,將有生命危險,而且發生的機率亦非常高。

降低風險

如果發生風險的機會高，同時未能確定會有多少損失的話，我們可以透過一些工具去減低風險。例如購入一隻股票後，同時買入相同股票的認沽權證，以減低因為突發情況而導致嚴重投資損失。

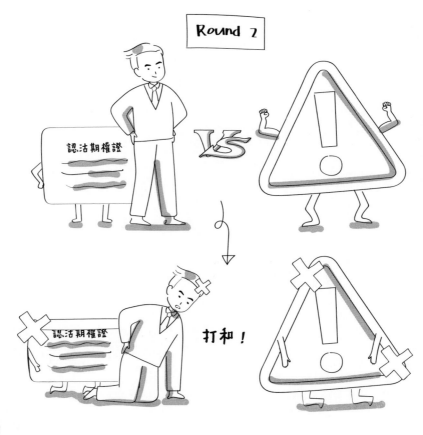

轉移風險

如果發生風險的機率不高，可是一旦發生時會造成嚴重後果或損失的話，我們可以利用風險轉移的策略。例如購買醫療保險以防止重大疾病出現時產生的龐大醫療支出，把這些支出轉移給保險公司。

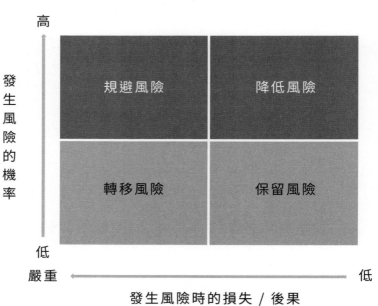

7.3 風險管理的工具

當我們認識了不同的風險，比較重要的是安排好人身風險的保障，當我們安排好以上的保障後，便可以完全地騰出我們的「閑錢」，增加我們在投資上的持貨能力，提升獲利機會，因為出現人身風險時，例如嚴重疾病、意外或死亡身故，往往會造成重大損失或債務違約，所以保障類別是在理財金字塔最底層，亦是必須處理的。保險正正是一個最有效的轉移風險工具。

醫療保險：

我認為購買醫療保險是最優先的，因為在出現重大疾病時，我們根本不知道會產生多少醫療費用，我們唯一可以確定的就是每年繳交保費的金額，能對沖這些不確定的未來支出。

危疾保險：

危疾保險是對沖因重大疾病導致不能工作的損失，其賠償額度是彌補及取替我們正常工作時的收入。患上重大疾病時，我們不能再用時間換金錢，危疾的賠償就可以幫助我們支付生活開支。

人壽保險：

人壽保險是為了我們提早死亡的風險轉移工具，怎麼是過早死亡呢？就是我們還未完成自己的責任下身故，所謂未完成責任的例子包括：房屋的按揭還沒有供完、年幼的子女需要照顧等。

意外保險：

意外保險保障因身體殘缺而影響工作能力，令到收入減少或者需要適應殘缺肢體的過渡期，雖然發生的機率不高，但保費亦相對便宜。

儲蓄保險：

很多人也忽略了這個保障，其實儲蓄保險也是重要的理財規劃，人們拼命工作都是為了得到安穩的生活，完成人生的責任，安享晚年、孩子能完成學業、家人生活安康，這些看是農曆新年才出現的祝福語，其實是大部分人的心願。能幫助我們致富的，就依靠投資；能完成人生責任的，就依靠理財，因為這些都是我們需要在特定年期中完成的人生任務。孩子18歲入讀大學、我們65歲退休養老，所以我們需要在特定時間使用一筆大型資金，提早規劃購買儲蓄保險能擁有保證的回報和非保證的紅利，穩定性不比銀行存款低，亦由於放棄了特定年期的流動性，付出了流動性成本，所以總體回報普遍比銀行存款高，意味著我們為了安穩所付出的錢少了，騰出更多的閑置資金來投資致富。

8

投資的原理

8.1　股票市場的起源

每件事情都有正面和負面，投資有風險和回報亦一樣，這是自然的法則，而且正反面都像雙生兒一樣，同時存在、同時出現，要成為一個成功的投資者，我們必須了解到投資的原理，而要了解投資的原理，就先要了解股票投資的歷史。

100

股票市場的發展：

1602年，世界出現了第一個上市交易所，是荷蘭一間名為荷蘭東印度公司的企業，當時正值就是人類的大航海時代，當時歐洲的商人所買到的香料過於昂貴，於是他們希望可以前往東南亞、印度、阿拉伯半島以及非洲等地採購一些平價香料，哪個商人能夠用最快的速度抵達東南亞地區，哪個商人就可以買到最便宜最好的香料，由於17世紀的商務船隻一般都會用上帆布來推動，所以所有商務船隻都選在季候風季出航，基本上說得上是同時出發，競爭亦因此變得越來越激烈，利潤亦越來越少。當時有些商人希望能停止這種惡性競爭，於是組織了荷蘭東印度公司，希望能壟斷整個東方的貿易市場，賺取更多的錢。

不過在17世紀，航海貿易並不是一件簡單的事，不但需要巨額的資金，還需要擔心遭遇到風暴、海盜等損失，荷蘭的航海事業和其他西方國家不同，在其他西方國家航行中，例如英國通常會由國王和貴族主導，簡簡單單便能集資到一筆龐大資金。

後來有位很聰明的荷蘭人，他開始宣傳每一次的航行，從而向每位市民公開發行股票，只要付錢，不管是船夫還是小販，都能成為荷蘭東印度公司的股東，分享到航海貿易所帶來的利潤，及後，荷蘭人開始集中在阿姆斯特丹河橋上買賣荷蘭東印度公司的股票，這就是世界上最早出現的交易所。

世界上第一間交易所

大航海時代，歐洲商人前往東南亞地區採購平價香料

商人組織荷蘭東印度公司，希望壟斷整個東方的貿易市場

大吉
開張
東印度公司

一名荷蘭人開始宣傳每次的航行，向市民公開發行股票

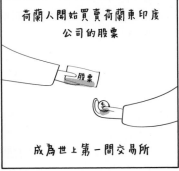

荷蘭人開始買賣荷蘭東印度公司的股票

股票

成為世上第一間交易所

8.2 投資與投機

股票投資的原理：

回顧歷史，股票買賣通常牽涉回報與風險，只要你肯承擔到當中的風險，便有機會得到可觀的回報。而早在17世紀，投資者已經明白，股票市場的參與者只有兩種：

投資者與投機者

投資者：
什麼是投資者呢？投資者就是投資那個企業，看好那間公司的前景，以航海為例，去投資非洲好望角的航道，每股可能需要10荷蘭盾，而在你的評估下，到好望角採購到的香料可以在荷蘭賣到30荷蘭盾，當中的20荷蘭盾就是這次航行的利潤。這樣一來，當航海的商務船隊安全回來之時，我就可以賺到兩倍利潤。

通過評估企業的行業前景、盈利能力投資的人，我們稱之為「投資者」，他們會利用「基本分析」來決定他們的投資。

投資

投機者：

什麼是投機者呢？試想想，航海其實一點也不簡單，每次出海或多或少需要一年半載才回航，投資者的資金其實面對很多「不確定性」，那就是買賣股票中的風險，例如航海中途會遇上海盜、遇上風暴、船隻的損壞等，對投資者來說，這些都會導致100%損失的風險，血本無歸。

既然航海面對很多的不確定性，一些投資者會利用這些不確定性來發放不同的消息，例如：

負面消息：
我的朋友在大西洋見到了你投資的船隻被海盜騎劫了。

正面消息：
收到可靠的消息，原來今年印度大豐收，所有香料的價格比以往降低了三成。

這些消息有機會在報紙、人傳人、知名人士等渠道發放出來，但是，這些消息是真是假，根本沒有人能確認到，海洋之大，誰能真真正正見到了你投資的船隻，那些人所發放的消息是真是假呢？我們都不得而知了。市場就是一個很特別的地方，很多人相信的消息就是真確，因為很多人相信的消息會令到股票的價格「波動」，即使不是事實，亦會令到股票大升或大跌，投機者往往會因應市場氣氛的好壞而獲利，因此他們甚至會製造市場氣氛。一般的投機者，常用「技術分析」來判斷市場未來的走向。現在資訊發達，一個「消息」，根本不會太持久，那不是人們過於善忘，而是市場的資訊太多，由於投機者會運用消息買賣股票，所以持股時間都不會太長。

投機

8.3　基本分析與技術分析

基本分析：

基本分析源自於17世紀大航海時代，他們在投資前會分析一艘船去到東南亞採購後，安全回來歐洲後所獲得的利潤。基本分析者是相信股票的價值有多大，完全建基於該公司有多大的利潤潛力，所以他們的基本分析，就是運用各種工具去分析企業的盈利能力，例如財務報表、損益表、資產負債表以及現金流報表等。

然而，基本分析者會以企業的財務報表為依據，理解獨立企業的營運模式和盈利模式，從而判斷出企業的前景和所面對的風險，以計算出公司的估值。因此，基本分析者不在意獨立的股票波動有多大，他們深信股票的價值最終能反映出實際的盈利能力。著名的德國投機大師科斯托蘭尼曾經說：股票就像老人放狗，有時小狗會跑去老人的前面，有時小狗會跑到老人後面，但終歸這小狗都會回到老人身邊，與老人向著同一個方向走，老人就是公司的基本面，即是公司的盈利能力，小狗就像公司的股價一樣，跑來跑去。

人物例子：

德國證券界教父安德烈·科斯托蘭尼 (Andre Kostolany)

技術分析：

讓我們又回到17世紀的大航海時代，因為航海過程需時一年半載，沒有人會知道航行中的船隻最終是生是死，亦沒有人知道他們到東南亞後會有什麼遭遇、船隊在當地買貨的情況是怎樣、在航行中會遇到什麼困難，基於這種不確定性，加上17世紀有消息差異問題，使航海投資者每天的心情都非常焦慮，因為他們也不會知道那艘船會發生什麼事情。著名的基本分析投資者巴菲特說過，市場就像一個患有神經病的病人，有時非常開心；有時又非常失落，無緣無故可以大升，亦可以大跌。無可否認的是，即使是一個精神病人，都會透過一些事件而觸動情緒，市場亦一樣，所以產生了技術分析者來評估市場的情緒和氣氛是否值得投機。

技術分析的重點在於「市場氣氛」，他們會利用圖表、走勢、大市的成交量以至獨立股票的成交量、移動平均線等分析工具，來捕捉市場氣氛的好壞。技術分析的崇拜者相信，股票價格的走勢是基於過去的價格走勢和交易量數據，從而預測出短期的價格走勢。

投資涉及風險，所以市場會充斥著理性的部分，即基本分析，同時也充斥著感性的部分，即技術分析。雖然多年來也有很多投資者爭論過，究竟用基本分析還是技術分析來分析股票比較好，個人還是傾向基本分析，因為投資的波動很大，心理質素要非常堅強才能在股票市場上致勝，然而要得到這份堅強，我認為只有在我們非常清楚企業盈利模式的情況下才能夠戰勝市場的波動，做出正確而客觀的決定。

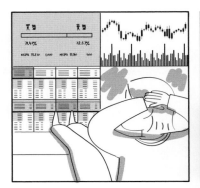
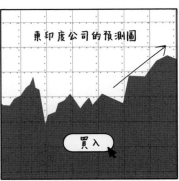

東印度公司的預測圖

買入

人物例子：

股神華倫・愛德華・巴菲特 (Warren Edward Buffett)

9
基本分析的工具

所有的基本分析也是源自於分析獨立公司的「財務報表」，因為在法例上，所有上市公司一年最少要公布兩份財務報表，稱之為年報（中期年報和年度年報），所有財務報表都可以在聯交所的網站找到（https：//www.hkex.com.hk/）。

財務報表是最能理解一間公司的整體盈利能力和公司方向的文件，企業的管理層亦會從中論述公司正面對的經營挑戰以及行業前景，是基本分析者分析該公司和了解該行業的最佳工具。

然而，一所公司最重要的部分就是「利潤」，但上百頁的財務報表中充滿了令人迷惘的數字，所以才會令到一部分的投資者放棄了研究財務報表。不過，我認為可以利用一些「財務比率」來嘗試了解該企業的獲利能力和他們正面對的風險。

現在我推介一下我常用的基本分析工具：

9.1　淨利潤率（Net Profit Margin）

淨利潤 ÷ 營業額

淨利潤率是指企業每銷售出一件貨物，企業最終可以得到多少「最終盈利」。即每賣貨100元，公司最後能賺多少錢。

例如，一間汽車公司的淨利率是2%，即每賣出一部售價100元的車，公司在減下所有成本後只能賺2元。

個人在選股的時候，第一時間的計算，就是先計算淨利率。因為每間公司最重要的，就是賺錢（利潤），有了利潤，企業才可以擴張以及持續發展，而最重要的就是能抵抗不同的風險。

在投資的角度，一間企業，尤其是傳統企業，高淨利率反映企業的產品具獨特性，或者在市場當中處於壟斷優勢，產品是有領先其他同業的技術或科技，並有專利保護等。

高淨利潤率也反映了企業的營運得宜，不單只產品有獨特性，同時反映企業能有效控制成本，我們就以股神巴菲特投資的其中一間公司比亞迪為例，巴菲特在2008年買入，每股大約只需8美元，時至今天，比亞迪的股價一股已經是超過200美元，升值了24倍，又一次證明股神的眼光獨到。

回到2008年，先別說電動車的需求是怎樣，當時只是iPhone3G全球發行的第一年，我相信沒有人能想像到2008年後，世界會因為科技而產生了翻天覆地的變化。在我們當時正讚歎電話科技的時候，巴菲特已經再走前一步，關注了急速發展的電動車市場。

五年主要財務數據之比較

	截至十二月三十一日止年度				
	二零一二年 人民幣千元	二零一一年 人民幣千元	二零一零年 人民幣千元	二零零九年 人民幣千元	二零零八年 人民幣千元
營業額	44,380,858	46,312,282	46,685,349	39,469,454	26,788,253
毛利	5,126,328	6,867,025	8,264,374	8,564,731	5,218,836
毛利率(%)	12	15	18	22	19
母公司權益持有人應佔溢利	81,377	1,384,625	2,523,414	3,793,576	1,021,249
淨利潤率(%)	0.2	3	5	10	4

資料來源：比亞迪2012年年報

根據比亞迪在聯交所公布的業績，比亞迪在2008年的營業額為267億人民幣，而截至2021年所公布的業績，比亞迪的營業額為2,112億人民幣，增長接近7倍，可見在13年間，中國汽車市場擴張驚人，而作為中國汽車業龍頭的比亞迪，更是受惠者之一。

不能否認，中國的汽車行業增長非常強勁，帶動了整個市場向上發展，但為什麼近幾年，巴菲特頻頻沽售愛股呢？以比亞迪為例，2021年的淨利率為1.4%，即是每賣出一架車，100元的銷售額在減掉所有的成本後，只有1.4元的盈利，作為中國汽車的龍頭企業，這樣的淨利潤率反映了中國汽車行業面對著巨大的競爭，所以汽車行業也採用了薄利多銷的政策。所以我們第一個能判斷到，可帶動股東利益的，就是銷售額的增長。當然，如果行業能改變利潤模式，能提高淨利潤率，比亞迪就能有突破性的增長。

FIVE-YEAR COMPARISON OF KEY FINANCIAL FIGURES 五年主要財務數據之比較

		For the year ended 31 December 截至十二月三十一日止年度				
		2021 二零二一年 RMB'000 人民幣千元	2020 二零二零年 RMB'000 人民幣千元	2019 二零一九年 RMB'000 人民幣千元	2018 二零一八年 RMB'000 人民幣千元	2017 二零一七年 RMB'000 人民幣千元
Revenue	營業額	211,299,918	153,469,184	121,778,117	121,790,925	102,650,614
Gross profit	毛利	23,632,561	27,243,591	18,075,993	18,066,764	17,935,074
Gross profit margin (%)	毛利率(%)	11	18	15	15	17
Profit attributable to owners of the parent	母公司擁有人應佔溢利	3,045,188	4,234,267	1,614,450	2,780,194	4,066,478
Net profit margin (%)	淨利潤率(%)	1.4	2.8	1.3	2.3	4.0

資料來源：比亞迪2021年年報

既然電動車企業高速發展，為什麼股神又要大手沽出呢？

9.2 毛利率（Gross Profit Margin）

毛利率用作計算企業產品的競爭力，從銷售額扣除每件產品的生產成本而來，所以只會計算到獨立產品的利潤。毛利率和淨利率不同之處，在於毛利率不會計算公司的固定開支，只計算賣出貨物的「直接成本」。回看比亞迪的毛利率，由2008年的19%跌至2021年的11%，毛利率變低反映了售賣電動車的成本有機會上漲，是我們應該留意的財務報表項目。

毛利率的不斷下降，我們應密切關注主要原材料供應和價格。從年報所見，比亞迪的主要產品由電動車和手機部件組成，由於手機和電動車的主要的電池原材料是「三元鋰」、「磷酸鋰鐵」和「鋰鈷」，所以這三個主要原材料價格走勢成了這行業的關鍵因素。

| 5. | REVENUE, OTHER INCOME AND GAINS (CONTINUED) | 5. | 收入、其他收入及收益（續） |

Revenue from contracts with customers 客戶合同收入

(i) Disaggregated revenue information   (i) 分類收入資料

For the year ended 31 December 2021 Segments	截至二零二一年 十二月三十一日止年度 分部	Rechargeable batteries and photovoltaic products 二次充電電池 及光伏產品 RMB'000 人民幣千元	Mobile handset components, assembly service and other products* 手機部件、組裝 及其他產品* RMB'000 人民幣千元	Automobiles and related products, and other products* 汽車、汽車相關 產品及其他產品* RMB'000 人民幣千元	Others 其他 RMB'000 人民幣千元	Total 總計 RMB'000 人民幣千元
Types of goods or services	貨品或服務類別					
Sale of goods and construction services	銷售商品及建造服務	15,391,154	85,271,646	108,805,683	692,746	210,161,229
Rendering of services	提供服務	10,888	274,026	853,775	–	1,138,689
Total revenue from contracts with customers	客戶合同收入總額	15,402,042	85,545,672	109,659,458	692,746	211,299,918

資料來源：比亞迪2021年年報

9.3 每股盈利
(Earning Per Share, EPS)

在股票市場裏能買到股票的公司，都是非常成功的大型企業，每間
公司都擁有非一般的盈利能力，買了股票等同成為了某一間上市公
司的股東，分享某一間上市公司的盈利，問題是我們佔有多少的股
份。以中移動為例子，2021年的年度利潤為1,146億人民幣，當然
這樣看下去的話，絕對是非常大的盈利，問題是，當我買了一股中
移動的話，我可以分享到這1,146億人民幣中的多少，所以我們需
要知道每股盈利：

稅後盈利 ÷ 加權平均流通在外的普通股股數

	附註	2021年 百萬元	2020年 百萬元
股東應佔利潤：			
本公司股東		116,148	107,843
非控制性權益		158	297
本年度利潤		116,306	108,140
股東應佔總綜合收益：			
本公司股東		114,505	106,268
非控制性權益		158	297
本年度總綜合收益		114,663	106,565
每股盈利－基本	14(a)	人民幣5.67元	人民幣5.27元
每股盈利－攤薄	14(b)	人民幣5.67元	人民幣5.27元

資料來源：中移動2021年報

要計算股票的價值，最重要的是計算出每一股的盈利，這就是「每
股盈利」，每股盈利會在每一間公司的年報中公布，通常在「綜合
收益表」的最下方。如果以基本因素來做主要分析的話，每股盈利
就是用來計算股票價值的極重要數據。

9.4 市盈率
(Price Per Earning [P/E] Ratio)

現價 ÷ 每股盈利

市盈率是以現時的股價除以每股盈利，即以今天的價格購買股票的話，假設企業的盈利往後一直不變，需要多少年才能回本。

假設現在中移動的每股盈利是5.67人民幣，現價為一股60港元，由於香港股票是以港幣交易，所以每股盈利需要折算港幣方能計算。假設現在人民幣兌港幣的匯率為1人民幣：1.13港幣，5.67人民幣兌成港幣即5.67x1.13＝6.4071港元。那市盈率就是60÷6.4071＝9.8831倍。那就是説，若果付出60港元購買一股中移動的話，假設中移動每年的每股盈利為6.4071港元，9.8831年就可以回本。當我們計好了，那有什麼隱含的意義呢？究竟基於這9.8831年的指標，是應該買入還是賣出股票呢？

結論可能會令你失望，個人認為市盈率並不能即時為買賣作決定，因為即使是在年報剛發表後立刻提取每股盈利資料，但那都是過時。為什麼呢？因為當中作為計算基礎的是今天的股價有時間差，假設今日是2022年4月20日，而中移動的年報是在2022年4月13日公布的，它們所公布的資料是反映2021年的全年財務狀況，當中便有了一個根本性的時間差，而且這個問題是不可能解決到的。不過，這些信息差正是股票市場好玩的地方，因為公司根本沒有全面地公開公司數據或對等的市場信息予所有投資者知道，所以才會讓股價「過高」，而遇上股價「過高」時，獨立投資者應該選擇賣出，當股價「過低」時再買入。

市盈率的時間差

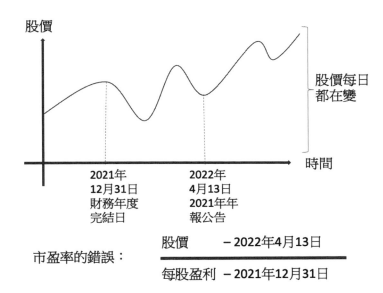

市盈率的問題主要源於計算的數據資料並不是來自同一個時間點的，而且這個問題是無法修正的，所以不能完全依靠上述算式來計算市盈率。

反之，由於需要解決時間差和信息差，個人認為必須從中加入大量假設和估計，由於每個機構採取的假設都不會一樣，所以各間大型投資銀行的預測也未必會完全一樣，如果讀者想依靠大行估算股價的話，可能首先都要先認識他們的假設。

市盈率的問題：時間差

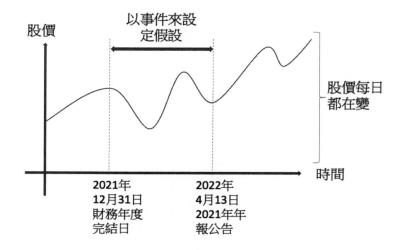

要解決時間差的問題，個人會選擇持續留意新聞消息以評估相應的「未來盈利」，從而判斷一次性的風險或利潤、持續性的風險或利潤。舉例，如果市場沒有任何事情發生，那中移動的盈利應該不變，因為用電話的人不會突然在某個月特別用多了或用少了通話量。

可是當疫情完結時，市民可能會因為出國旅遊或出差而增加對國際漫遊服務的需求，可能會導致中移動的盈利大幅增長，然而會增長多少，就要深入了解一下財務報表的其他範疇，但這些其實都是從日常生活中估算出來的情況，至於在實際上，我們應了解一下財務報表中顯示是哪個業務主宰盈利增長。

解決市盈率時間差的方法：設定假設，估算未來盈利

要估算未來的盈利，個人認為要留意財務報表中，那個地方有沒有盈利的增長。

資料來源：中移動2019年財務報表

資料來源：中移動2021年財務報表

跟我的想法完全相反，事實上，2019年疫情前的收入比2021年疫情中的收入更少，這反映了在疫情期間，通信服務的需求增加，這可能是因為正值疫情中，我們對於通信的使用量比在疫情前更大。財務報表就是會標記一些關鍵內容，讀者大可翻到下列標記附註4的營運收入部分看看明細，以便更為清晰了解。

關鍵的財務報表附註：

4　營運收入

	2019年 百萬元	2018年 百萬元
通信服務收入		
語音業務	88,624	108,083
數據業務		
一短彩信業務	28,648	28,800
一無線上網業務	384,999	383,297
一有線寬帶業務	68,835	54,285
一應用及信息服務	82,543	75,701
其他	20,743	20,741
	674,392	670,907

資料來源：中移動2019年財務報表

4　營運收入

	2021年 百萬元	2020年 百萬元
通信服務收入		
語音業務	76,163	78,782
短彩信業務	31,100	29,485
無線上網業務	392,859	385,679
有線寬帶業務	94,230	80,808
應用及信息服務	136,961	101,038
其他	20,096	19,900
	751,409	695,692

資料來源：中移動2021年財務報表

正如上圖，主要的盈利動力來自「應用及信息服務」，在短短兩年間，由2019年的825億人民幣收入，變成2021年1,369億人民幣的收入，增長率超過65%。在2019年，「應用及信息服務」只佔集團收入的12%，而到2021年便佔集團收入的18%，可見這個業務越來越重要。但什麼是「應用及信息服務」呢？在幾百頁的財務報表中必定有解說，尤其是那麼大的盈利增長，能帶領企業在疫情中不跌反增，我稱這些能為集團帶來高速盈利增長的為「關鍵信息」，即是會有新聞提及的，必須重新整理預測股價。

9.5　關鍵信息

要了解一間公司，個人認為第一步就是要抓緊企業中的「關鍵信息」，如前所述，「關鍵信息」一般都可以輕易地從財務報表中找到，即「盈利動力」。只要讀者有意識地翻閱財務報表便會找到，這個意識非常重要，那也是我們經常說的「投資之前要做功課」，很多初階的投資者都認為沒有會計知識是不可能有充足準備去投資，但我倒不認同，主要是初階投資者沒有意識去做，懶惰而已。我認為現在的財務報表基本上很容易理解。如上文所提及，中移動很明顯是由於「應用及信息服務」帶動這間「大象」般的企業的盈利增長。只要有意識去研究，就可以避免了一些個人的固有信念，例如：大象般的企業不可能有任何增長可言，但如果管理團隊把不可能的事情變成可能，那個管理團隊就是一個值得相信的管理團隊，因為優秀的管理層總能推陳出新，應對市場和科技的變化，為股東帶來價值。反之，即使企業擁有壟斷性的優勢，若果不幸遇上差的管理層，企業也只會慢慢步向滅亡的深淵，盈利不斷向下沉，這些情況個人建議盡快離棄，始終投資不是談戀愛，需要絕對理性分析，一旦貨不對辦，就要馬上離開，因為公司管理層的質素絕對是最重要的，正如多少打工仔的潛質被埋沒，都是源於跟錯了老闆。

抓緊關鍵信息的另一個好處，就是令投資者更為清晰和理性，如前所述，投資市場是由感性和理性所組合而成，所以才會發展出基本分析和技術分析兩套哲學。由於我的「核心信念」是相信股價最終會回到盈利和企業的內在價值身上，所以必定以盈利增長作為最關鍵的買入和賣出考慮，至於其他的非相關事件，包括市場每天的波動，其實也動搖不了我的想法，眼見很多投資者在股票市場中虧損是源於對所投資的企業不夠了解或根本沒有抓緊企業的關鍵信息，被市場氣氛影響而過早沽出。因此，只要抓緊關鍵信息，我們也可以把握到機會，因為市場每天都會有大量信息，而當中其實有很多

是完全不相關的信息，可以置之不理。可是一旦市場出現關鍵信息，投資者就要特別留意和重新估值，爭取比其他投資者擁有更大機會捉緊投資時機。通常我們會從「定量分析」找到這些信息，即是用財務報表的數字來認清關鍵信息。

定性分析，管理層的討論

當發現了關鍵信息後，我通常會深入了解這些盈利動力的來源。在中移動2021年財務報表的「財務概覽」中，我們找到了「應用及信息服務」就是關於DICT、「魔百和」、「咪咕視頻」的業務，如前所述，這些業務對比2020年增長了35.6%。至於什麼是DICT呢？我們可以從業務概覽中找到，這些質量的信息被稱為「定性分析」。

通信服務收入
語音業務收入繼續呈下滑趨勢，全年語音業務收入為762億元，比上年下降3.3%，總通話分鐘數較上年下降1.2%。

全年短彩信業務收入為311億元，比上年增長5.5%，主要由於公司進一步深化集團短信業務價值運營，收入實現穩步增長。

本公司堅持深化「連接＋應用＋權益」融合發展，全年無線上網業務收入為3,929億元，比上年增長1.9%，增幅較上年實現提升。

本公司持續提高寬帶質量和覆蓋，開展寬帶提速及融合營銷，保持寬帶業務規模拓展勢頭。有線寬帶收入達到942億元，比上年增長16.6%，持續保持快速增長，佔通服收入的比重逐年提升。

得益於DICT等政企業務的快速增長，「魔百和」等家庭增值業務的快速增長，以及「咪咕視頻」等新興業務的高速增長，全年應用及信息服務收入達1,370億元，比上年增長35.6%，對通信服務收入的增長貢獻達5.2個百分點，發展態勢良好，推動整體收入結構進一步優化。

資料來源：中移動2021年財務報表

定性分析

在中移動的業務概覽中，我們可以看到其中一個DICT的客戶群，從2021年的財務報表中所示，主攻家庭市場的魔百和，一年淨增

長2,657萬戶，高達19％，帶動了主營業務的寬頻客戶，月增長215萬戶或1%的月增長，是非常有潛力的業務。

資料來源：中移動2021年財務報表

有關於這些產品的新聞數據、市場概況、新技術，都是我會特別關注的事件。舉一個近期對中移動的盈利有著正面影響的例子。

據報中移動新專利可實現元宇宙與現實信息分享
[2023-01-02]

內媒報道，根據《天眼查》資料顯示，中國移動通信集團、咪咕音樂及咪咕文化科技申請「信息分享方法、裝置、設備及存儲介質」專利公布。專利摘要顯示，該申請實現現實世界與虛擬世界的結合，打通元宇宙與現實世界的信息分享通道，使用戶無論是在元宇宙的虛擬世界還是現實世界，都能互相進行信息分享。　據了解，有關方法包括確定分享方的第一虛擬人物和接收方的第二虛擬人物在元宇宙中的在線情況；若兩者中的一方在線，則採用外部分享方式進行信息分享；若兩者均在線，則採用內部分享方式進行信息分享；內部分享方式無需通過第三方媒介進行信息分享。

資料來源：AASTOCKS

10
股票市場的賺錢原理

如果永遠都存在信息差的話，財務報表其實有什麼真實意義呢？因為一隻股票的估值永遠都處於估算情況，不管財務報表有多接近年結之後公布，始終都相距了一段時間，所以都是些過去的數據。但我認為財務報表是我們了解一間公司的營運、認識管理層的最佳途徑，基本分析我認為應該以財務報表為根基，收集過往的數據，從而預測未來。

10.1　大航海時代的股票

回到大航海時代，作為農夫的我們每日辛勤工作，辛辛苦苦種下來的稻米、水果，都只是足夠自己一家四口生活，每年只能儲下小小的積蓄，根本無法安居樂業，未來也不可能退而無憂，還要擔心每年天氣會否導致農作物失收，每年仍能過活，可能某程度上都靠一點運氣。

決定投資前的思維：

現在難得有幾位朋友希望出海尋找貿易的商機，而他們願意冒險，作為朋友的我，又怎可能不支持他們呢？況且如果他們出海後能「平安歸來」，在「正常情況」下買到平價的香料，我便可以分一杯羹，以我的計算和認知，今次的航海投放1元的成本，可以為我們帶來3元的利潤，回報率是三倍，況且一旦出了什麼問題，雖然會做成虧損，但也就是1元的投資，這份風險對於我來說還是有能力承擔，而且這1元又不足夠我買下這一塊農田，沒有什麼用途，所以我決定投資，把我的血汗錢押上在這幾位冒險的船員身上。我一方面繼續每天辛勤工作，另一方面萬一我這幾位朋友平安歸來，我就可以多一份收入，錢賺錢，踏上致富的階梯。

航海開展了：

一年過後，船隻仍未歸來，心急如焚的我，不知道這幾位朋友能否成功，他們大費周章地到東南亞是否能夠買到優質的香料？還是給其他競爭對手搶先一步？他們在航海途中，有沒有遇上意外？有沒有碰到海盜、又或是遇上惡劣天氣、船隻有沒有損毀？有些投資者朋友眼見航行的船隻沒有如期歸來，已經紛紛把自己的股票以低於自己投資的價格賣出，他們告訴我，這次航行凶多吉少，趁現在消息還未證實、股票仍然有少許價值時快點賣出去，起碼能拿回一點錢，等到證實了船隻已經沉沒時就太遲了。

我思考了一會，朋友在航行前向大家解說了整個航行路線，是十多艘船隻、一大幫人一起出發，就算遇上海盜，都沒有可能一次過把十多艘船隻全騎劫，我甚至懷疑，單憑一艘單薄的海盜船，會否明

目張膽地接近由十多艘船隻組成的龐大船隊。我看過每一艘的船身，全都是採用最新的木材和最新的造船技術，因為船身損壞而導致沉沒的機會率比較少。況且他們的航行路線遇上風暴的機會不大，但因為航道比較狹窄，所以有很大機率會延誤。這都是我在投資前曾深思熟慮過的，才不致於被市場上的消息和氣氛左右我的決定，最後，我能賺上2元、3元或者是全虧損，都只能夠等待船隻真正歸來後才會知道。

用上德國製的最強韌帆布

使用最強紫檀木

亨利·約翰·凱薩的門生製造

船隊在風平浪靜的海上航行

買賣的決定：

現在，我已在心目中計算好了，憑我的個人經驗，船隻在航行中途遇到意外的機會有限，但其實也有風險的，只是機率較低而已。以我的判斷，在決定投資時，我估計可以賺取3元的回報，但現在，即使經濟不好，最少也能賣上1.5元。

現在我的投資者朋友因為船隻延誤歸來，所以他欲以價格0.5元轉讓他的股票給我，在我計算下，如果我之前用1元的價格買入一股，如果我估計香料最差的銷售價是1元的話，那每股都會賺取到0.5元，若以1元的成本買入一股，便會賺到投資價的50%。

如果買了投資者朋友出讓、價格0.5元的股票，那我就是用1.5元買了兩股，如果每股依然能賺取0.5元的話，我的回報會是：
本金 ＝（$1＋$0.5）/ 2 = 0.75（每股成本）；
$0.5/$0.75 X 100% = 66.67%

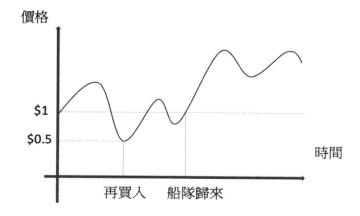

要賺取驚人的盈利，必須在事件發生之前便入市，因為當船隊歸來的時候（等同財務報表公布的時間）才入市已經太遲了，所以必須在事件尚未發生前便判斷事件的性質。

這就是基本分析大師巴菲特所講：「別人貪婪我就恐懼，別人恐懼我就貪婪」，但不是所有情況也是別人恐懼，我們就應該貪婪，所以我會判斷，別人恐懼的原因是什麼。

10.2 「一次性的風險」和 「持續性的風險」

有些恐懼的原因完全是由大市氣氛所致，但大多數時間都是有實質因素的，而在今時今日這個資訊發達的年代，要知道恐懼的原因其實不難，真正要判斷的，反而是這個風險是「一次性風險」還是「持續性風險」。

持續性風險

什麼是持續性風險呢？持續性風險就是那些會長期影響企業營運而產生出來的風險，例如政策的風險、供應鏈的問題、管理層的重大變動等。舉個例子，現在的晶片供應緊張，主要原因在於供不應求，所以在短期內不會解決到，既然晶片供應緊張，將會導致產品成本上漲，如果一直沒有解決的方法，晶片只會越來越貴，這會持續影響相關行業的毛利率，使企業盈利受損，這種情況下，一般都不會投資這類面臨重大困難的企業，老實說，投資是希望賺取回報，選擇困難的行業或順風順水的行業，其目的都是一樣，那我們為什麼要捨易取難呢？所以我一般都不會投資在面對持續性風險的企業上，如果已經持有相關企業的股份，絕對毫不懷疑地沽售。

一次性風險

什麼是一次性的風險？一次性的風險就是那些突如其來、短暫且不會經常發生的風險。一次性風險也會嚴重影響到企業的短期營運，但長期而言，一次性風險是不會影響企業的長期盈利。我曾在2006年時投資過一間煤炭公司的股票，其實天然資源公司是一個周期性的行業，因為天然資源有限，所以我作出了一些假設，例如：

1：天然資源產出後必然會有買家購買

2：天然資源會跟隨市場定價，不會過低或過高

3：企業的天然資源產能是穩定的，即不會在使用同一批機器下，某年產能特別過多，某年產能過少。

兗州煤料煤炭仍供不應求

[2006-04-25]

【本報訊】(記者　陳嘉文)受煤炭銷售量減少影響，兗州煤業(1171)去年全年盈利下跌約8.7%至28.815億元人民幣(下同)。其董事吳玉祥昨日表示，有關母公司的煤變油項目已獲內地批准進行，前期開發將由母公司負責，預期項目總規模可達500萬噸油品，首期項目產量約100萬噸，所需投資額約100億元，但暫時未有具體落實時間表。

吳玉祥表示，去年煤炭平均售價較04年上升28.3%至每噸349.5元，預期今年煤炭售價將會回落，但不代表煤礦產能出現過剩的情況。他表示，若內地經濟保持逾7%的增長，將可刺激各生產行業對煤炭等原材料的需求，加上現階段未見內地煤炭供應有大幅上升的可能，故相信煤炭市場仍會出現供不應求的情況。

全年少賺8.7%至28.8億

對於集團原煤產量減少，吳玉祥表示，主要受6個壓煤村莊未能如期搬遷影響，以致集團的採煤系統中有6個未能正常生產，令去年原煤產量減少11.5%至3,466萬噸，銷售煤炭減少14.5%至3,248萬噸。他表示，目前煤礦已恢復正常的生產水平，今年集團全年的銷售目標為3,400萬噸，其中出口煤計劃為700萬噸。

吳玉祥指出，集團今年的資本性開支約48.2億元，其中約12.6億元用於正在營運的6座煤礦及鐵路資產等項目，其餘的35.6億元作外部開發項目之用，而截至去年底止集團的手頭現金約59億元。

資料來源：香港文匯報

即是説，煤炭公司的「關鍵信息」在於產煤的產能，任何關於煤炭產量的事件就是這間公司的關鍵，需要重新估算盈利和計價。

克州煤在2006年（股票代號1171，現稱克礦能源，但由於2006年時仍未變更公司名稱，所以本文沿用舊稱「克州煤」）出現了「村莊壓煤」事件，由於產煤需要在地底進行挖掘，而煤礦正正在村莊的下方，相信大家都知道產煤有一定程度的危險性，所以當煤礦較為接近村莊時，為了公眾安全必須停產，稱之為「村莊壓煤」。這絕對會影響企業的生產，產生了一次性開支。雖然暫停挖掘是一個重大開支，但企業不可能持續面對村莊壓煤的現象，只要能夠搬村，其實是可以繼續挖煤，重拾生產力的。

H股透視：兖州煤業可望優於大市　　　　　[2006-08-16]

中銀國際

我們將兖州煤業(1171)A、H股06年盈利預測下調1%，將A、H股07年盈利預測分別下調11%與12%。這主要是由於我們預計兖州煤業在新煤礦中的持股比例將低於原先假設。我們也將澳洲煤礦產煤的售價預測下調。另外我們將預期淨資產值由6.82港幣下調至6.40港幣。儘管如此，我們仍然對H股維持優於大市評級，對A股維持同步大市評級。

預計中期業績小幅下滑

在即將公布的中期業績中(8月18日召開董事會，8月21日公告業績)，我們預計兖州煤業的中期盈利出現小幅下滑。按照國際財務報告準則，我們預計淨利潤同比下降4%至18.01億人民幣；按照中國會計準則，我們預計淨利潤同比下降9%至15.01億人民幣。雖然我們預計實現煤價以及銷量基本同比持平，但是，06年1季度四個壓煤村莊搬遷帶來的單位成本上升應該是拖累盈利的原因。

正如我們在4月26日《璞玉共精金》中提到的，由於未就價格達成協議，因此公司並未將向鄒縣發電廠售出的98萬公噸潔淨煤入帳。我們認為該筆交易收益應於06年2季度錄入。考慮到新合同中出口價格的下降，我們估計與06年1季度較為調整後盈利水平相比，2季度盈利同比下降7%至7.25億人民幣。雖然我們假設上述四個壓煤村莊的重置可能帶來3億人民幣左右的一次性支出，但由於成本大幅上升，公司可能也希望將噸煤土地塌陷費上調(目前為8元人民幣/公噸)。如果情況屬實，那麼這將使得單位成本上升。

資料來源：香港文匯報

既然村莊壓煤只是一個短期性的問題，現在剩下的就是怎樣判斷此事對兗州煤的影響和潛在的回報，就像船隊還沒有歸來的時候，我們應該把手頭上的股票沽清，還是再在市場吸納其他人的股票呢？

煤炭產量

2005年本公司生產原煤3,466萬噸，與2004年相比減少449萬噸，減幅為11.5%。主要是受壓煤村莊沒有按期搬遷的影響，2005年第三季度公司12個採煤生產系統中有6個不能正常生產。2005年第四季度公司完成兩個壓煤村莊的搬遷工作，使三個採煤生產系統恢復正常生產，其餘四個壓煤村莊也已於2006年一季度搬遷完畢，公司原煤生產能力已於2006年4月份恢復到正常水平。

2005年公司商品煤產量為3,194萬噸，與2004年相比減少481萬噸，減幅為13.1%。

資料來源：兗州煤2005年財務報表

當時我的投資思維比較簡單，我認為村莊壓煤只是一次性風險，最終是可以解決下來的，而在兗州煤2005年的年報中亦指出村中壓煤將會在2006年4月將會全面恢復正常，所以我更加判斷這事件根本就是個短期風險，雖然在村莊壓煤期間，兗州煤的盈利一定受到生產下跌而影響，但是當問題解決之後，兗州煤一定能重回2004年的盈利，股價也會重回2004年的水平。

既然這是個一次性風險，我們可以嘗試使用一個最簡單的計價方法，就是以每股盈利來計算市盈率。2005年的每股盈利為0.59人民幣，到了2004年，在正常的生產下，每股盈利為0.66人民幣，以10倍市盈率來估算的話，當解決到村莊壓煤事件後，股價應該有0.66x港幣兌換率x10倍市盈率。由於當時的人民幣兌港幣的匯率非常接近1：1，所以此處沒有特別的轉換，而合理價格，應該就是6.6港元一股。

綜合損益表

| | 註釋 | 截至12月31日止年度 | | |
		2006 人民幣千元	2005 人民幣千元	2004 人民幣千元
煤炭銷售額	7	12,783,567	12,283,588	11,757,052
鐵路運輸服務收入		160,399	163,437	220,771
收入合計		12,943,966	12,447,025	11,977,823
煤炭運輸成本	7	(936,619)	(930,103)	(1,402,715)
銷售鐵路運輸服務成本	8	(6,190,069)	(5,288,588)	(4,551,703)
毛利		5,817,278	6,228,334	6,023,405
銷售、一般及行政費用	9	(2,230,142)	(1,918,788)	(1,479,863)
其他收益	10	165,837	135,038	165,732
利息費用	11	(26,349)	(24,611)	(35,942)
除所得稅前收益		3,726,624	4,419,973	4,673,332
所得稅	12	(1,354,656)	(1,538,036)	(1,518,762)
本年利潤	13	2,371,968	2,881,937	3,154,570
歸屬於:				
公司股東		2,372,985	2,881,461	3,154,317
少數股東權益		(1,017)	476	253
		2,371,968	2,881,937	3,154,570
儲備分配		566,728	755,530	737,782
股息分配	15	1,082,048	799,240	470,680
每股收益,基本	16	人民幣 0.48	人民幣 0.59	人民幣 0.66
每股美國存託股份收益,基本	16	人民幣 24.12	人民幣 29.29	人民幣 33.25

資料來源:兗州煤2006年財務報表

可惜,好景不常,兗州煤在2006年的業績,比2005年時更差,主要原因來自煤的價格回落,而2006年所預期的搬村活動也有所延誤,此外,村莊壓煤事件引致了一筆一次性開支。

兗州煤於2006年的每股盈利為0.48人民幣,當股價大跌時,我認為是一個大好機會,所以急忙在5.8港元時入市,但現在回望,這絕對是投資初哥的決定,股票是選擇得當,但就是在沒有跌定的時候買入,其實那時也是高位入市。

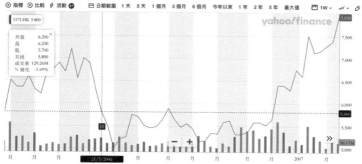

資料來源：雅虎財經

買入股票之後，我的心情其實非常差，因為股票仍然不斷在下試低位，那時我對自己有很多懷疑，包括懷疑自己是不是判斷錯誤，還是有更多我看不到的非生產因素而導致股票下跌，每天的心情也是極度徬徨，但每當自我懷疑的時候，我就會把之前做的研究功課覆核一遍，每次的結論都會結合當天所發出的關鍵信息新聞。我始終認為當前最大的問題依然是村莊壓煤而影響企業盈利，反正我用來投資的都是「閒錢」，那就即管相信企業的管理層，相信他們能讓企業擺脫困境，轉危為機。

	2007年 （人民幣千元）	截至12月31日止年度 2006年 （人民幣千元）	2005年 （人民幣千元）	2004年 （人民幣千元）	2003年 （人民幣千元）
銷售淨額					
煤炭銷售淨額	14,356,930	11,846,948	11,353,485	10,354,337	6,794,335
其中：公司	13,451,697	11,710,664	11,353,485	10,354,337	6,794,335
國內銷售	12,831,496	9,365,857	8,421,462	7,406,988	4,337,089
出口	620,201	2,344,807	2,932,023	2,947,349	2,457,246
山西能化	243,571	21,875	–	–	–
兗煤澳洲	661,662	114,409	–	–	–
鐵路運輸服務					
收入淨額	203,714	160,399	163,437	220,771	154,585
銷售淨額合計	14,560,644	12,007,347	11,516,922	10,575,108	6,948,920
毛利	7,228,720	5,817,278	6,228,334	6,023,405	3,193,897
利息費用	(27,222)	(26,349)	(24,611)	(35,942)	(59,966)
除所得稅前收益	4,543,313	3,726,624	4,419,973	4,673,332	1,974,918
公司股東應佔					
本期淨收益	3,230,450	2,372,985	2,881,461	3,154,317	1,386,686
每股收益	人民幣 0.66 元	人民幣 0.48 元	人民幣 0.59 元	人民幣 0.66 元	人民幣 0.30 元
每股股息[註]	人民幣 0.170 元	人民幣 0.200 元	人民幣 0.220 元	人民幣 0.260 元	人民幣 0.164 元

資料來源：兗州煤2007年財務報表

2007年，持有兗州煤超過七個月的我終於見到曙光，2007年的兗州煤年報公布每股盈利為0.66人民幣，這正正就是2004年時的每股盈利數字，雖然這個每股盈利並不單指煤礦生產回復正常，還有很多利好消息，包括當時煤價開始增長、人民幣升值等，這些都是刺激股價上升的主要原因，但這個案例正正就能代表判定一次性風險的重要關鍵。一間本身平穩的大型企業會因著一次突如其來的事件，而創造出一個非常可觀的投資機會給我們。

11
我的投資故事

真的沒有想過,我也有當主角的一天,在疫情期間,我跟大部分都市人一樣,日出而作,日入而息,跟農夫的生活沒有太大分別。剛畢業出來工作時滿腔熱誠,想盡快投身社會,因為我覺得自己終於可以學以致用。然而,我剛從大學畢業出來工作的那一年,適逢SARS(非典型肺炎,又稱「沙士」)橫行的2003年,經濟非常蕭條,因為全球經濟自2001年科網股爆破後,一直都沒有起色,延伸到2003年SARS期間,正值我剛出道的時候,其實當時的我也非常徬徨,經濟已經不好,我們還要跟同期畢業的大學生一起爭工作。

我找到的第一份工作,是在香港仔當會計文員,看似沒有特別,但其實公司離我家非常遠,當時我住在馬鞍山,每天由馬鞍山坐車到位於香港仔的公司上班,需要花上90分鐘才可到達——先從家裡坐巴士到大學站轉火車,然後從大學站一直站到紅磡站後,再轉過

海巴士，每天都要換上三種交通工具，哪有今天坐港鐵已經能由馬鞍山到達香港仔那麼方便呢。雖然工作地點非常遠，週六又要上班，但我非常珍惜這份人生第一份的工作，因為這份工作標誌著我踏入社會工作的開始，我希望自己能從這事業開始，扶搖直上，有朝一日能踏上人生的致富階梯的頂端。

由於是沒有工作經驗下的第一份工作，我知道自己沒有什麼工作優勢，但我有的就是年輕的魄力，能比其他人跑得更快，我明白到要比其他人做得更多的事情，不怕蝕底，所以我非常勤力，儘管我上班的車程需要用上90分鐘，但我從來沒有遲到，比同事更早上班；比同事更晚下班。

慢慢，我就發覺到打工是不可能致富的，所以我在大學畢業、出來工作兩年後，開展了我的自僱生涯，投身理財策劃的行業，一做便做了十多年，事實上這是一個多勞多得的行業，所以適合我這種勤勤力力的人。

轉型

經過多年努力，我在業界也有一點成就，不過感覺上卻是越來越辛苦、工作量越來越多，當賺到錢之後，就希望得到越來越多的時間。除了不斷擴張我的業務外，我也需要處理舊有客戶的事情，在不斷招聘新合作夥伴的同時，我也要照顧舊有的合作夥伴，團隊越大，所面對的壓力便越多，處理不到的事情積壓得越來越多，這時我深深感受到什麼是人在江湖，身不由己。以前單身的我，要怎樣花時間在工作上自然沒什麼問題，但現在有了家庭和孩子之後，便傾向為家庭花多一點時間，一直都想調節好時間的我，突然遇上了新冠疫情，我們停擺了，一停便停了三年。

還記得在我剛畢業出來工作的2003年，股票市場表現疲弱，同時遇上SARS這場世紀疫症，當時的我最喜歡到旺角西洋菜街行逛，因為那時的旺角街道是何其寧靜和整潔；我在大學的最後一個學期也因為非典型肺炎而停課了。非典型肺炎除了影響社會外，其實也是個致富關鍵，現在多少人後悔沒有在最差、最低價的時間買入SARS的重災區淘大花園呢。

基於這個原因，我決定買跌。

12
我的投資理念

12.1　以史為鑒

在投資前的準備，一定是先參考同類事件和當時的市場表現。

坦白地說，如果在疫情橫行的情況下，股票市場不跌反升，那麼我就輸得認命了。在每次投資之前，我都會參考之前有沒有同類的事件，與新冠疫情最同類的事件，必定是2003年的沙士，我並沒有考慮太多，也沒有計算在疫情下的骨牌效應是怎樣組成，我只知道投資的機會是一瞬即逝，對於2003年疫情期間的事，我記憶猶新，當時的店舖街道、人們在街上失落的表情、股票市場的表現、樓價的表現，我都歷歷在目。

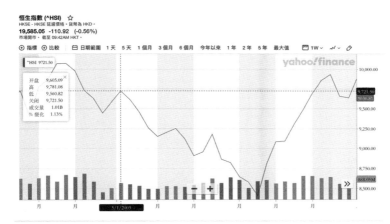

資料來源：雅虎財經

參考過沙士時的市場表現，坦白說我也猶豫了一會，因為沙士期間，恆生指數只是由9,721點跌到最低都只是8,409點，面對那麼大型的疫症，原來只是影響恆生指數下跌了15.6%。我經常提醒自己，做投資需要運用基本分析，必須要保持理性，通常我會參考巴菲特所講，設有「安全邊際」。

以我多年的投資經驗，我發覺世界總會有一些東西並不如我們所料般發展，如果所有事情也會合理化地進行，那就沒有金融風暴，也不會出現金融海嘯，我稱之為投資「盲點」，不管那一次的投資是賺是蝕，我都覺得是市場先生給予我的學習機會。既然會有投資死角，所以要減低自己投資的風險，通常我有四個常用的方法。

12.2　安全邊際

什麼是安全邊際呢？那就是如果覺得這個估值吸引，我會先計算好所投資的股票的合理估值，一般計算合理估值都是按過往曾經發生過的事件作為參考藍本，然後以財務報表作為估算股值的根基，計算出我認為合理的價格，舉個例子，我認為股票A價值10元，現在股價9元，那麼我該買入這隻股票嗎？

這就是安全邊際的重要性，因為當我們計算了合理價格之後，始終會有很多不確定性的市場「盲點」，所以我會設定一個合理的「折讓價」，亦是我理解中，巴菲特所講的「安全邊際」。我確信安全邊際能幫助我們對沖不少風險，這亦是我們面對投資盲點的成本，例如，我設定安全邊際為估值的30%，以股票A為例，我估算的合理價值為10元，實際的股票要跌至7元以下才應該買入，如果現值為9元，那就需要再等一會了。其實投資是必須要講求耐性的，我經常見到很多投資者會因為自己急需賺錢，或者突如其來想到要賺錢，就馬上投入股票市場，這絕對是錯誤的投資做法，要知道市場先生是非常有性格的，不是你想要投資，他就要給你賺錢，市場先生其實就跟小孩一樣，當市場先生沮喪到極點時，若果你能施以援手，市場先生會非常感激你。

安全邊際的定義因人而異，如果你認為30%已經足夠對沖市場盲點，那就設定在30%，如果你認為50%才夠對沖市場盲點的話，那就設定在50%。

安全邊際亦都幫助我們賺取更多的回報，簡單來說，我們以一個更低的價錢買入相同估值的股票，那麼回報率就會更高，複式效應亦會更加強勁，像雪球一樣滾大。我舉一個例子：

假設：

股票A，我的買入價是10元，如果每升1元我的回報就是10%。

同樣是股票A，我的買入價是5元的話，即每升1元我的回報便是20%。

這些雖然看似是「阿媽是女人」的理論，但其實計算複式利率的時候，就是會發現有驚人的回報。假設，現在股票A已經升到了15元的水平。

對於以15元買入股票的投資者來說，如果股票A升1元，只是升了6.67%，但因為我們買入價是10元，所以現在升1元對我們來說是升了10%。

同一個1元的升幅，卻有不同升幅的效果。

12.3 投資的金額控制風險

衡量自己能承受多少風險，我之前已經提過，我們應該利用我們的閒置金錢，以一個能承受的金額做投資，因為投資始終涉及風險，如果投資的壓力太大，就很容易會因為股市波幅而做錯決定，所以投資能夠致富的原因，不在於我們能投資多少賺多少，而是我們能夠承受多少虧損，增加自己的持貨能力，而不被市場的波動影響自己的投資決定，最不值得的事情，就是明明自己已經看準市場的機會，卻被投資的波幅沖走。

12.4 絕對決斷

我看過太多的大老闆，他們比打工仔能賺更多錢的原因就是因為他們能在最適合的時間做適當的決定，決斷在投資領域上是非常重要的元素，我們不是談情說愛，所以絕對不要跟股票談戀愛，一旦發現股票貨不對辦，請你狠狠地沽出你手上的股票。另一方面，我們應該對自己的判斷有絕對的信心，做了那麼多的功課，就相信一下自己的看法和眼光吧，通常股票的低位就是該企業所面對的最差狀況，那時候買入股票是需要一定的心理質素，但請相信自己的眼光。

另一方面，很多朋友的決定猶豫不決，面對突如其來的風險時，經常會跟自己說「放多一會」、「睇定啲」，期望在升市的時間才沽出自己手上虧損的股票，以減少股票虧損的幅度，這顯然是一個非常不好的投資習慣，因為當股價下跌時，虧損擴大，那就更不願意沽出了；而到升市的時候，我們就會期盼另一天也是一個升市，所以同樣不會沽出。升又不賣；跌又不賣，久而久之，當股價跌到泥足深陷的時候，就以後都不用再沽了。

12.5　單一股票策略

其實股票市場每天也有超級多的信息，我個人非常欣賞那些財經記者，因為每天都有那麼多信息，怎樣能把股市的一日升跌，轉化成一條一條的新聞呢？這完全超乎大家想像。關於股票的信息，有大圍市況，每天解讀大市的升跌。現時，經濟環境趨向國際化，所以也要留意不同國家國內外的形勢和國際關係；本地和主要國家的重要數據，還要關注我們已經投資了的股票的股價變化和企業重要新聞，以及其他股票因經濟環境和國際形勢而創造了不同的機會和危機等。坦白說，除非我們一天有四十八小時，而且還能不眠不休地去看新聞報道，否則根本沒有可能解讀得完每天都在更新的海量信息，但我認為現今資訊科技發達，每天的國際新聞有勝於無，其實我們已經很幸福了，對比起以前的社會，例如1987年的股災，根本是連股災我們也不能掌握，以前投資股票的年代，我們的問題是怎樣拿到只有少數人才得到的資訊，現在的問題是怎樣把海量的信息整合而制訂對自己最有利的策略。

於我而言，既然我們沒有辦法處理海量的資訊，我們不如集中在一兩種股票身上，每次投資也集中於一個企業，那麼我們只需要圍繞一個獨立企業和獨立行業上接收資訊就可以了，其他的新聞和事件根本就不需要理會，從而減低我們處理資訊的成本和時間，以前風險管理的做法，就是把風險分散在不同的地方，把雞蛋放到不同的籃子上，但今天我認為我們應該把雞蛋集中在一個籃子上，好好看管這個籃子，這正是股神巴菲特的名句。

13
疫情中第一次買賣

故事回到2020年1月，當時正值農曆新年，一年又過去了，還記得1月11日我正身處重慶，跟一些領導踢足球，生活如常。在出發到重慶時，有些朋友已經發布了一個短視頻，主要是關於有大批防疫人員在前往武漢的飛機上進行消毒，前往重慶路上的我對此不以為然，因為這些短視頻是真是假，根本無從稽考，而且我的目的地也不是武漢，所以對這些視頻也沒有太大感覺。不久之後，香港已有多篇新聞報道，是關於武漢華南海鮮批發市場出現了不明來歷的肺炎病毒，當然這些事件空穴來風必有因，但對於身在香港的我始終是比較遙遠的事，臨近年尾，工作都比較忙，還是趕緊完成手頭上的事情，盡快過年，送豬迎鼠。

2020年1月12日，大市從高位開始回落，恆生指數從29,056點，回落到年三十晚最低的26,312點，短短一月份大市已經回吐接近3,000點的水平，即接近10%。

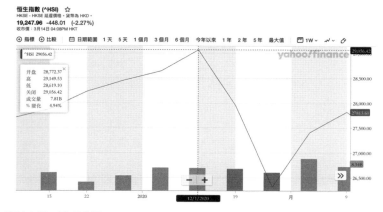

資料來源：雅虎財經

代表美國市場的道瓊斯工業指數方面，也從1月13日的高位29,348點，下滑至1月27日的28,256點水平，輕微跌大概1,000點，但當

時正值中美貿易戰打得火熱的時候，相信大多數人也和我一樣，以為這只是尚未結束貿易戰的陰霾而影響大市向下。

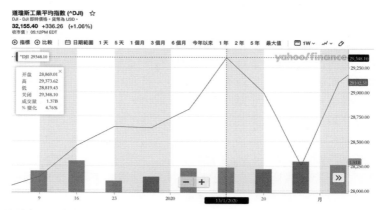

資料來源：雅虎財經

我經常覺得上天給予我很多機會、很多提示，2020年1月28日，踏入鼠年的年初四，那一天的股票市場還是迎來了一個大升市，通常我們公司是初五上班，因為每一年差不多初五的時候公司的所有高層也會到我們的團隊中拜年，所以團隊全體成員都會出席，有時還會帶小孩回公司感受一下農曆新年的氣氛，帶旺新一年的生意。但奇怪的是，在初四晚上，我收到了一個信息，內容大概就是其中一名成員詢問初五是不是一定要上班？我覺得很奇怪，因為大時大節，又沒有什麼東西要做，都是大家互相祝福一下，小孩和同事逗逗利是，高層的面子派對而已，或者同事們吃一餐團年飯，應該沒有太大理由會不出席呢。詢問過這位同事之後，我發現我錯了，因為他很直接地跟我説，他很害怕在公司人多的時間感染到新冠肺炎，始終他的家裡有老有少，傳染了給家人便麻煩了。

這句説話讓我當頭棒喝，鼠年第一個警示！沒錯，我們這一代人，經歷過沙士的時間，親身感受過沙士橫行時的可怕，所到之處，傳染力高，無藥可醫，而且死亡率極高，就連醫生護士也不能自保，藥石無靈。所以在新年前的時候，武漢已經果斷地封城了，我這才意識到這可能不是單純的地區性疾病，而是會嚴重影響經濟的事件，是全球的關鍵信息。

照道理，以口水作為傳播途徑的病毒是非常容易感染，真是防不勝防，就像傷風感冒一樣，所以不難理解這是會爆發疫情的一個病，以沙士為例，一旦爆發，將會迅速大規模地擴散，而且又是一種新型的病毒，根本就無藥可醫，加上香港始終地少人多，病毒極度容易傳播出去，新冠肺炎的情況將會與沙士一樣嚴重，大家也不敢出門，街上一片寂靜蕭條，我想到的第一件事就是我們的理財策劃生意將會受到前所未有的嚴重打擊，在我非常擔心的同時，突然想起經濟會受到如此嚴重的影響，那麼股市不可能不受影響的。

跟太太商量之後，我們在疫情中作了第一筆投資，動用了50萬港元，購買了五張不同年期的認沽證，同時把友邦保險（1299）的股票全數賣出。

投資日誌
2020年1月30日

沽出友邦#1299

沽出2200股@HK$80.25（11手）	HK$175,370.64
沽出1800股@HK$80.20（9手）	HK$144,360.00
沽出109股@HK$79.65（碎股）	HK$8,681.85

投資日誌

2020年2月3日

買入恆生指數認沽證

買入#28873 　　　　購入1,900,000股 　　　除數：8,500
行使價：26,000 　　　到期日：2020年2月27日
恆生指數2月認沽證@HK$0.051 　　　　　　HK$97,198.17

買入#15837 　　　　購入560,000股 　　　除數：9,400
行使價：27,100 　　　到期日：2020年5月28日
恆生指數5月認沽證@HK$0.177 　　　　　　HK$99,425.00

買入#16975 　　　　購入440,000股 　　　除數：9,000
行使價：27,500 　　　到期日：2020年6月29日
恆生指數6月認沽證@HK$0.227 　　　　　　HK$100,187.33

買入#20047 　　　　購入310,000股 　　　除數：9,000
行使價：28,000 　　　到期日：2020年7月30日
恆生指數7月認沽證@HK$0.315 　　　　　　HK$97,950.47

買入#18975 　　　　購入330,000股 　　　除數：10,000
行使價：28,200 　　　到期日：2020年8月28日
恆生指數8月認沽證@HK$0.295 　　　　　　HK$97,649.55

總購入成本HK$492,410.52

13.1 對沖

因為深怕疫情會對整體經濟造成影響，又怕疫情來臨時，我們的行業會受到不同程度的打擊，所以我認為購入對沖恆生指數的「認沽證」是最好不過。恆生指數是代表香港經濟的前瞻性指標，如果判斷香港的經濟情況向差的話，恆生指數必然向下，而災難性的經濟後果會導致股市急速下跌。如果經濟下跌的話，理財生意必然會受影響，但由於恆生指數下跌，對沖的認沽證便會上升，對沖我們因生意而損失的財富。

對沖的策略：

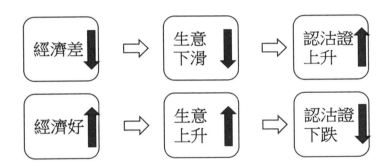

認沽證的運作：

市面上有很多不同的工具可以對沖股票大市的風險，例如可以沽空期指，購入看跌期權，購入指數熊證等，而我比較喜歡的就是買入窩輪（Warrant）或稱認股權證，至於窩輪又分為認購證和認沽證，是衍生工具的一種，屬於高風險的投資。

13.2 什麼是窩輪/認股權證？

認股權證，顧名思義就是認購股票的「權」，在特定的時間可以行使這個權力，以認股權證標明的指定股票價格去購買認股權證背後的特定股票，不管股票在當時處於什麼價格。以下我簡單介紹一下認股權證：

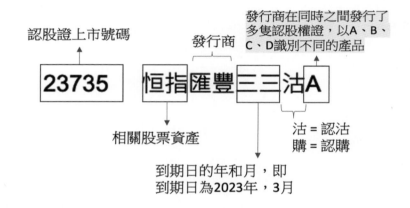

認股證上市號碼

發行商

發行商在同時之間發行了多隻認股權證，以A、B、C、D識別不同的產品

相關股票資產

沽 = 認沽
購 = 認購

到期日的年和月，即
到期日為2023年，3月

認股證上市號碼： 是投資者可以在任何股票平台認別相關認股證的代號。

相關股票資產： 就是認股權證參考的資產是什麼，即行使認股權證是購買哪一隻股票，稱為正股。

發行商： 由什麼公司發行這認股權證。

到期日： 認股權證在什麼時間到期，在到期日中使用行使價去購買相關的資產。

沽／購： 識別認股權證的方向。是「看跌認股證」，即會標示為「沽」，還是「看升認股證」，即會標示為「購」。

換股比率： 即每多少股的認股權證可換取多少相關的正股資產。例如，換股比率為50，即50股認股權證可以換到一股正股。

價內： 正股的價格已經超過相關認股證的行使價，在到期日中將會行使認股權證。

價外： 正股的價格已經低過相關認股證的行使價，在到期日中將不會行使認股權證。

認股證價格： 認股證價格就是反映相關的正股、行使價與時間值的關係，市場上購買該認股權證需要多少錢，亦即市場價值。

既然認股權證可以用行使價去購買背後的特定股票,所以持有認股權證的人士,可以遠低於市場的價格去購買同一隻的股票。例如:

股票A在2023年11月1日的股票價格是10元。

認股權證的行使價:8元

如果我在到期日行使認股證,就可以以8元購買股票A,如果我以8元購買股票A,同時在股票市場以10元放掉所有股票A的話,那我就可以每股賺取2元,這就是俗稱的「價內」,香港的窩輪市場並不需要真的行使,而是在到期日時(一般是以到期日前五天的收市平均價作為最後的價格)正股價格仍在價內的話,即窩輪還有價值的話,發行商會直接以窩輪價值套現給投資者,那麼投資者就不需要進行行使兌換股票的動作。

反之,如果我在認股權證中需要用8元來購買相關的股票資產,在到期日時其股票價格是6元,那麼就沒有人會在到期日中行使認股權證,因為與其以8元行使認股證購買相關股票,何不在市場上以更低的6元購買,所以認股權證根本沒有價值可言。

然而,我們看到很多價外的認股權證都有一定價值,價格有時候還會比價內認股權證更高,因為認股權證的重點,在於一日還未到到期日,一日都不知道該認股權證是在價內還是價外。

加上股票市場變化很大,股票的升跌往往可以在一天超越10%,甚至高達20%以上,這也是股票市場的魅力所在,一日還未到達終局的那天,一日也有機會反敗為勝。

認股權證的價格：

$$正股價（相關資產） - 行使價 + 時間值$$

「正股價（相關資產）」就是認股權證能兌換的實際股票價格，以正股的價格減去行使價就是「股權證的實際價值」，在「看漲」的認股權證中，正股價比行使價大的話，即以行使認股權證方式購買這隻股票更為便宜，例如正股價為10元，行使價為8元，持有一股的認股權證去兌換這隻股票更相宜，因為認股權證比市場價低2元。這2元反映了認股證的實際價值。

例子：
股票A的認股權證：

股票A的正股價：$10
認股權證的行使價：$8
到期日：2023年8月1日
買入時間：2023年3月1日

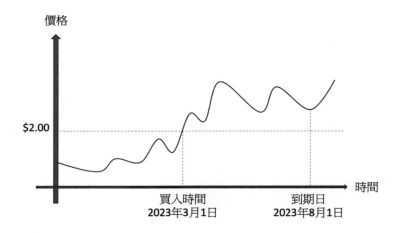

什麼是市場價格？

市場是由買方和賣方組成，只要你開始投資，你就有機會當一個買方或賣方。要理解市場價格，我會選擇運用想像力，幻想買方或賣方時的心情，當了解到買方和賣方的心情後，就可以推算出市場價格。

買方：

先幻想一下你現在是股票A的買方，如果股票A正股現價為10元，股票A的認股權證行使價為8元，你會願意用多少錢來購買股票A的認股權證？

2元嗎？當然，2元是個合理的價格，問題是市場有沒有賣家會以2元的價格放售給你。

其實早前已討論過，股票是經濟環境的前瞻，即是未來的盈利預

測，例如，你認為股票A今年的盈利會比去年上升20%，那麼股票A在今年年底的股價應該會比去年上升20%。如果去年的股價為10元，今年的股價理論上就是10x(1+20%)元，即12元，基於這個原因，買入價應該按以下的算式計算：

「預期」是一個相當重要的信息，在市場中，每一名買家和賣家都有各自的預期，這正正是自由市場的好處，而自由市場的理論，就是大部分投資者的預期就是合理的預期，所以計算好自己的預期時，也可以參照市場的預期，即與正股相關的新聞事件、判斷一次性風險還是持續性風險、財務報表和相關的財務比率數據、確認盈利增長動力等。

把我們預期的正股價格信息套到以下的公式上，所得出的結果如下：

先不理會時間值，從這條算式得出的數字，就是你預期的合理認股證價格，亦即是4元，如果現價為2元的話，你就可以買入。如果正股的價格如你所料到達預期的12元，若兑換比率為一換一的話，認股證將升至4元，那你的投資回報便是100%〔（\$4-\$2）／\$2〕。

時間值：

按早前的討論説明，時間是值錢的，無論正股價對比認股證行使價有如何不合理的差距，都可以繼續在市場上交易，因為尚有時間觀察，所以最終認股證會否到達行使價仍是未知之數，時間就是金錢，亦是買下這個機會的成本。

要計算時間值的合理性，坊間有很多牽涉到非常複雜的計算，但個人認為時間值合理與否亦是完全取決於個人投資者，用回股票A的例子，我會先衡量現價是否符合個人的預期價格，並比較市場上相同的認股權證，至於時間值方面，我只會當作是購入相關認股權證的成本。舉例來説：

以下有兩隻認股權證，相關資產為匯豐控股：

認股證A匯豐AA三五購A　　到期日：2023-05-31
行使價：45.05　　　　　換股比率：10　　　價格：HK\$0.920

認股證B匯豐BB三五購A　　到期日：2023-05-31
行使價：45.05　　　　　換股比率：10　　　價格：HK\$0.950

匯豐控股今日的收市價為53.80港元，合理的價格為（$53.80-$45.05），即8.75港元，換股比率為10，即認股權證價格為8.75／10，即0.875港元，所以在以上兩隻認股權證的時間值會是以下的算式：

認股證A匯豐AA三五購A
時間值：$0.920-$0.875＝HK$0.045

認股證B匯豐BB三五購A
時間值：$0.950-$0.875＝HK$0.075

顯然認股證B的時間值是貴一點的，比認股權證A多了66.67%，如果要購買相同的到期日、按行使價、換股比率的話，我一定會選認股證A，因為認股證的不同在於背後相關的資產不同，大多大同小異，其他差異就是換股比率、行使價、到期日，如果所有因素都是一模一樣的話，那只是一個產品較便宜，一個產品較貴而已，但這正正就是市場調節的機制，在以上情況下，投資者明顯會選擇投資認股證A，多了投資者投資認股證A的話，認股證A的價格便會上升，或認股證B的投資者看到這個差額，就會以0.950港元沽售認股證B，同時以0.920港元買入認股證A，賺取差價0.030港元，直至兩隻認股證的價格一樣為止。

理論上，這個時間值反映了市場對於持有相關認股證的時間成本，當然，不同正股過去有著不同的表現，其穩定性和股價波動絕對會影響到持有相關認股證的時間值。不過，我只會按照自己的想法去衡量時間值是否較大或屬合理，因為每個人對時間的概念也有不同，而且我只會將時間值當作成本的一部分，如果這個成本不會影響到我心目中的目標回報，那基本上我也會買入相關的認股權證。

價外的認股權證：

如果是價外的認股權證，又是怎樣計算呢？首先，不管價外或價內的認股權證，計算方法理論上都是一模一樣的，而且認股權證的預期數值都會是正數而非負數。因為預期的正股價一定要比行使價更大才值得投資在相關的股票認股權證身上。如果預期的認股權證是負數的話，我們也不會投資在相關的認股權證中，若果預期的估值是負數，即代表預期正股價比行使價為低，那麼直接在市場上買賣正股比通過認股證購買更為便宜，所以理性的投資者是不會在市場上投資預期負數的認股證，而負數的認股證等於廢紙一樣，價值是「零」的。

$$\left(\dfrac{\text{「預期」正股價（相關資產）}}{\text{換股比率}} - \text{行使價} \right) + \text{時間值}$$

運用同一條算式，基於現在的正股價比行使價為低，所以在計算上括號入面的數字會是負數，不管正股價與行使價相差多少，我也會把括號中的數字變成了「零」。

$$\begin{aligned}&\mathbf{\$0}\\&\text{（當正股價比行使價低，即價外）}\\&\left(\dfrac{\text{「現在」正股價（相關資產）}}{\text{換股比率}} - \text{行使價} \right) + \text{時間值}\end{aligned}$$

按以上算式，價外認股權證的價值其實只有時間值，而時間值就是投資相關認股權證的成本，而每個人對時間值的成本感受都因人而異，只要按照自己的投資看法判斷便可，或者可以參考市場上其他的認股權證的時間值作比較。

我個人偏好喜歡價外的認股權證，因為價外的認股權證價格一般相對偏低，槓桿比率較大，既然要買的話，風險同樣是100%，那為什麼不投資於能賺更多錢的產品上，即由價外的認股權證，持有至價內，那樣的效果就會更好。

舉例說，以下有價外和價內的兩隻認股權證：

股票A的現價為：$53.80

價內認股權證A：

股票A甲甲三三購A　　　到期日：2023-03-30
行使價：47.00　　　換股比率：10　　　　價格：$0.780
時間值＝$0.780（認股證價格）-［（$53.80（正股現價）－47.00（行使價））／10（換股比率）］
＝$0.10

價外認股權證B：

股票A甲甲三三購A　　　到期日：2023-03-30
行使價：57.55　　　換股比率：10　　　　價格：$0.025
時間值　＝$0.025

值得一提的是，價內的認股證價格一般比價外的高，原因是價外的認股權證也包含了風險因素，風險越大，認股權證的價值越少，所

以價內認股權證價格會比價外認股權證為高，以反映其風險較小。

假設預期股票A的正股價格明天上升到60元時，兩個認股權證的估值為：

價內的認股權證A的估值為：

[（$60（預期正股價）－$47（行使價））／10（換股比率）]＋$0.10（時間值）

價內的認股權證A合理的價格：$1.40
投資回報：（$1.40-$0.780）／$0.780＝79.49%

價外的認股權證B的估值為：
[（$60（預期正股價）－$57.55（行使價））／10（換股比率）]＋$0.025（時間值）

價外的認股權證B合理的價格：$0.27
投資回報：（$0.27-$0.025）／$0.025＝980%

價外的認股權證B與價內的認股權證A回報相差超過12倍，當然絕對反映了風險的高低，與此同時，由價外的認股權證持有至價內的回報相當高，這也是其中一個買賣認股權證的好處。

13.3　認股權證的好處

股票槓桿：

正常的買賣股票就是分享企業盈利，成為企業中的股東。認股權證的不同之處，在於我們是買了一個權利，這個權利是以特定的行使價在特定的時間內買入或賣出股票，這個權利的價值在於行使價有機會低於現時股票市場上能購買到的股票，既然是購買「權利」而不是真正購買股票，所以認股權證的價值遠低於直接購買股票，但同時又可以跟隨股票的升跌，這就是槓桿的理論。

舉例來說：

股票A在市場的現價為：$53.80

同時又發行了相關的認股權證A如下：

股票A甲甲三三購A　　　到期日：2023-03-30
行使價：47.00　　　　　換股比率：10　　　　　　　價格：$0.780

如果股票A上升$1，到$54.80時，股票A的升幅為：

［$54.80（股票現價）－ $53.80（股票買入價）］／ $53.80（股票買入價）
＝1.86%（股票投資的投資升幅）

認股權證A，理論上的現價為：

［$54.80（股票現價）- $53.80（股票買入價）］／10（換股比率）+$0.780（認股權證A現價）
=$0.880

認股權證A的升幅為：
［$0.880（認股權證A現價）- $0.780（認股權證A買入價）］／$0.780（認股權證A買入價）
=12.82%（認股權證A的投資升幅）

股票投資的升幅=1.86%
認股權證A的投資升幅=12.82%
相差=6.9倍

那就代表在購買同樣的相關股票，即股票A，如果購買10萬股的話，我可以動用以下的資金來購買：

直接投資股票A： 100,000股 x $53.80（現價）
=$5,380,000（投資成本）

或者

間接投資認股權證A： 1,000,000股 x $0.780（認股權證A現價）
=$780,000（投資成本）

當股票升到$54.80時：

直接投資股票A：　　　　100,000股 x $54.80（現價）
　　　　　　　　　　　＝$5,480,000（投資現值）

實質回報：　　　　　　＝$5,480,000 – $5,380,000
　　　　　　　　　　　＝$100,000（實質回報）

或者

間接投資認股權證A：1,000,000股 x $0.880（認股權證A現價）
　　　　　　　　　　　＝$880,000（投資現值）

實質回報：　　　　　　＝$880,000 – $780,000
　　　　　　　　　　　＝$100,000（實質回報）

從上述例子可以看到，以認股權證投資和直接買股票的實質回報是一模一樣的，但在投入資金方面卻有不同，認股證的回報率是購買正股的6.9倍，我稱這個回報的相差為「槓桿比率」。

槓桿比率主要針對投資的資金，就是每投資$1在認股權證時，實際是投資了6.89元在正股身上，其回報效果是相同的。槓桿越大，投資在認股證身上的錢便會越少，當中省下來的成本便可用於賺取更多回報。

那麼，為什麼在購買10萬股的時候，我們就要相應買下100萬股的認股權證呢？其實道理和槓桿比率是一樣的，因為認股權證A的換股比率是10倍，即用10股認股權證才能換上1股的A股票正股，所以100萬股認股權證才有10萬股正股的效果。

槓桿和認股權證的真正用途

如果我看好股票A的前景,當然可以動用538萬元去購買10萬股正股,但亦可以選擇用88萬元去購買認股權證,回報效果是同樣的,那樣一來,就會多了一筆流動資金:

資金:	$5,380,000
認股權證A:	$780,000
剩餘的流動資金:	$4,600,000

剩下的流動資金,就可以在投資市場中尋找其他的投資工具作投資,以賺取更多回報,例如以一年3%的定期利率開立定期存款,那便可以賺取13.5萬元利息。其實能好好運用認股權證的槓桿原理的話,便能實現很多不同的投資方案。

可是,世界並不是這麼完美的,有光必有影,有好處就必定有壞處,如果只是集中地看認股權證回報的話,雖然可以用更少的資金做到跟購買正股一樣的效果,但同時間,認股權證的風險也同樣地高的,因為認股權證有著百分百風險。就如認股權證A,如果股價一直在行使價47元以上的話,其實質風險和回報都跟正股一模一樣,可是,一旦股票A跌至低於行使價,認股權證就只會剩下時間值,其跌幅會比正股更大,如果到了到期日時還持有相關的認股權證而正股價格仍然低於行使價的話,該認股權證便會變成一文不值,損失達至100%。

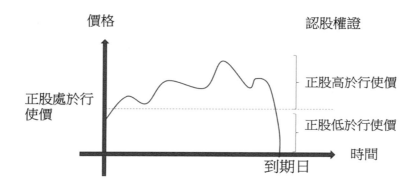

所以，最關鍵的是股價處於行使價之上還是行使價之下，我會用以下的例子來展示：

當股票跌由$53.80到$50時：

直接投資股票A： 100,000股x$50（現價）
=$5,000,000（投資成本）

實質回報： =$5,000,000-$5,380,000
=-$380,000（實質虧損）

或者

認股權證A，理論上的現價為：

[$50.00（股票現價）- $53.80（股票買入價）] ／10（換股比率）+ $0.780（認股權證A現價）
=$0.40

間接投資認股權證A： 1,000,000股 x $0.40（認股權證A現價）
＝$400,000（投資現值）

實質回報： ＝$400,000-$780,000
＝-$380,000（實質虧損）

當認股權證仍在行使價之上時，實際虧損和正股沒有太大差別，所指的實質虧損是指真實的損失金額與投資能兌換相同的認股權證是沒有分別的。可是，如果計算損失百分比的話，那就有很大的分別。

回到以上的例子，當正股由$53.8下跌到$50的話：

正股損失的百分比：
$380,000（實質損失）/ $5,380,000（投資本金）
=-7.06%

認股權證損失的百分比：
$380,000（實質損失）/ $780,000（投資本金）
=-48.72%

認股權證的損失百分比剛好也是正股的6.9倍，這也是槓桿比率的威力，百分比會在回報上倍大的同時，在下跌時也會倍大了損失百分比，所以說，槓桿原理對投資者有好的一面外，也有損害的一面。

為什麼認股權證是一個計算的「理論」價格呢？因為每個認股權證的組成也有一個不確定的因素——「時間值」，這個往往是由認股權證的發行商或市場決定的價格，是認股權證在到期日前的時間價

值，由於市場在衡量時間值上有很多不同的因素，例如宏觀經濟、環球市況、市場氣氛、行業版塊特性，股票的穩定性、波幅或風險等。由於當中涉及了多重因素，所以時間值在面對不同股票時也有不同價值。這情況不單只是出現在獨立的股票上，獨立的基金也一樣。

買賣差價

當然，還有一個重要因素，就是「買賣差價」。由於時間值並沒有一個公平的指標作計算，所以基本上是不可能用理論性的價格買下或賣出相應的認股權證，而且市場永遠是由買家或賣家組成，買家當然希望以更低的價格買下股票，但賣家卻希望用更高的價格賣出股票，所以在本質上，買家和賣家是對立的，形成了買賣差價的情況。例如今天股票A的價格是51.75元，但今天的認股權證是：

資料來源：aastock.com（2023年3月21日）

主要決定股票的買賣差價的在於市場，尤其是成交量大的大型藍籌股票。成交量高主要是因為市場上有很多投資者在參與，在這個情況下，買賣差價一般也不會差距太大。什麼是成交價呢？買家和賣家是對立的，他們有自由意志各自出價，買家的出價會低一點，賣家的出價會高一點，但由於市場上有很多參與者，所以大家對股票價格在理解上也有不同。例如：

股票A的買賣差價：

買入價	賣出價	成交價
$51.70	$51.75	$51.75

如果我是看好這隻股票的投資者，我會在市場中接受別人的賣出價，以51.75元買入，那便成為了新的成交，而最新的成交價會更改為51.75元，股價亦上升了。

如果是看淡這隻股票，我就會在市場中接受別人的買入價，並以51.70元賣出，那便達成了新的成交，最新的成交價會更改為51.70元，股價下跌了。

以上例子是在正常情況下發生的，所用的例子就是那些每天成交金額上億、有無數投資者參與的大型藍籌股票。可是，認股證市場的概念則完全不同，大多數的認股權證只有非常少的投資者參與，金額亦不大，所以買賣差價不是由市場來決定，而是由發行商來決定。

認股權證的買賣差價：

由於買賣差價不一定全由市場決定，所以買賣差價有時會比正股大很多，見下頁圖示，這隻認股權證只有44萬股是被其他投資者購買了（稱為「街貨量」），以今天的價格為例，總金額為21.3萬元左右，證明在市場上參與買賣這隻認股權證的人數並不多。

資料來源：aastock.com（2023年3月21日）

由於參與人數不多，加上由於不一定有成交，所以發行商也會負責
報價，買賣差價可以是買入及賣出價之內，亦可以買入及賣出價成
交，不一定要在大中間位。我舉以下股票A的其中一隻認股權證A
為例子：

現價 (港元)　　　　買入↗　◀ 第三方交易 ▶　賣出↗
　　　　　　　　　0.475 延　　0.560 延
▲ 0.475　槓桿比率　　　　　10.90
▽ 0.050(11.765%)　實際槓桿　　　10.89

資料來源：aastock.com（2023年3月21日）

正如大家所見，這個買賣差價的差距得太驚人了，在之前正股資
料中，買賣差價為51.70元和51.75元，相差只有0.05元或0.1%，
可是，認股權證A的買賣差價為0.475元和0.560元，相差0.085元
或者17.89%，這個差價絕對是其中一個考慮買入或賣出的重要因
素。發行商可以在這個「合理」的買賣差價中，選一個數值作為代
替正股的成交價，這個成交價可以是在買賣差價的範圍內，亦可以
選最高、最低或者在該範圍內任何一個價格作報價，讓市場作為參
考。

發行商有責任維持認股權證的「流通量」

與投資一些沒有成交或很少成交的細價股不同，在認股權證的買賣中，發行商需要提供「流通量」，即主動輸入買賣指示，在大部分情況下，即使該認股權證很少參與者，也會有成交的可能性，而且在大部分情況下，發行商需要在10分鐘內回應報價，所以不存在購買了認股證後賣不出去的情況。

香港法制健全，流通量提供者受聯交所及證券及期貨事務監察委員會規管，如聯交所發現某流通量供應者未能履行上市文件中所列明的責任，聯交所便可以禁止發行商發行認股證，而且流通量提供者亦要遵守相關的證券條例。

認股權證的上市公告

在入市前都需要做好充足準備，但坦白説，即使做妥功課也不會百分百地肯定每次出擊也能凱旋而歸，所以我習慣會將所有能準備的事都先作準備妥當。我明白作為小股民的我沒可能改變遊戲規則，但還是要好好了解遊戲規則，所以我在購買任何認股權證之前，都會先在聯交所網站中搜尋該認股權證的上市公告，以便得知一些從中能確認的風險。

一般我會特別著重以下的幾個條款：

發行額

雖然我從未試過買清認股權證的發行全額，但在最近的一次交易中，我赫然發現自己接近買清所有的發行額。雖然，個人認為即使買清一隻認股權證的所有發行額也沒有多大問題，與此同時，若果我一個人買清一隻認股權證的發行額，那麼該認股權證的參與者就

只有我和流通量提供者，這絕對不可能為我提供有利的位置。當然，那隻認股權證不是因為我投資太多而幾乎買清，而是它的發行額太少，只有四千萬股。

形式

形式是指最終的「結算形式」，因為認股權證分為美式和歐式：現金結算或直接兌換成相關資產的股票，雖然現在的認股證規則非常成熟，一般都會為歐式的現金結算，但不論是歐式、美式或者其他方式也好，「結算形式」除了會對最終結算有影響外，也會影響每天的價格計算，所以這是個人認為一定要知道的資料。

認股權證到期時會就為每個買賣單位計算結算金額，一般會詳列於最後計算的結算金額算式上。

估值日

通常會是到期日前的五個交易日的平均價。

流通量

主要會留意流通量提供者會在什麼情況下可以無責任提供流通量。

13.4　認股權證的應用

如果認股證在到期日仍未回到行使價之上，那麼整筆投資便會歸零，很多投資人士都會誤解這一點，因為認股證是一個超高風險的投資選擇，正確的看法應該是以獨立投資工具來看待認股證，因為獨立地看，認股權證有著100%的風險。但如果是以對沖組合或投資策略來看的話，認股證的可能風險會比正常買賣股票更低，我用以下的例子說明：

用回股票A的例子，現正處於一個不確定性的市況，短期波幅較大，我在53.80元時購入10萬股，合共538萬元。

反之，我可以選擇購買100萬股股票A的認股權證：

股票A甲甲三三購A　　　到期日：2023-03-30
行使價：47.00　　　　　換股比率：10　　　　　　價格：$0.780

假設今天便是到期日，而股票A的股價是40.00，那正股的損失便是：

（$40.00-$53.80）／$53.80　　=-25.65%（-$1,380,000）

但如果是認股權證的話，相關損失會是：

（$0-$0.780）／$0.780　　　=-100%（-$780,000）

按以上例子，買入100萬股「股票A甲甲三三購A」認股權證完全等同買入10萬股股票A，尤其在市場波動比預期中大而投資者又認為會是上升機會時，認股權證便成為了很好的選擇，如果在大市非常波動時買入股票A的認股權證，只有兩個可能性：

1. 升幅可能會超乎預期，用更少的資金獲取與買入正股的相同升幅。

2. 如果股票A跌，而且在到期日前仍比行使價更低時，雖然投資在這認股權證內的資金也歸「$0」了，但我們仍然有多餘的資金從低位中買回股票A或股票A的認股權證。

回到之前的例子，當股價由買入價53.8元跌到了40元時，買入正股是非常被動的做法，因為買入正股後，虧損已成為了事實。如果想打和離場的話，只能一直持有直至其股價回到買入價。加上如遇上公司倒閉的話，股票的價值在理論上亦可歸零，所以投資者需要自行判斷是否需要止蝕。

買入正股：

股票A股價跌至$40時的虧損：   -$1,380,000

認股證的策略：

股票A股價跌至$40時的虧損：
認股權證A：   -$780,000

但投資認股證時的策略會有所不同，因認股證的特質是100%風險，在到期日時認股證的價值歸零，但即使虧損了78萬元，但相比投入正股的資金538萬元，買入認股證後還剩下460萬元的流動資金可再次入市，投資者可以選擇止蝕虧損的78萬元或者再動用460萬元再投資入股另一隻認股權證，這樣投資者相對擁有主動權運用這筆資金在股票A值40元時買入另一隻認股權證，拉低買入認股權證的平均價。由於買入認股權證的平均價下降，因此當股票A的股價回升時，便可以更快地把虧損的賺回來。舉例來説：

現在有另外一隻的認股權證的資料如下：

股票A乙乙三八購A　　　到期日：2023-08-31
行使價：45.00　　　　換股比率：10　　　　價格：$0.105

由於認股權證持有人仍有460萬元的資金，便可用於購買100萬股「股票A乙乙三八購A」認股權證，即相等於10萬股的股票A。投資的成本如下：

股票A乙乙三八購A的投資成本：
1,000,000 x $0.105
＝$105,000

當股票A升回$54.8的水平時，正股和認股權證的總回報是：

直接投資股票A：
100,000股 x $54.80（現價）
＝$5,480,000（投資現值）

實質回報＝$5,480,000-$5,380,000
＝$100,000（實質回報）

或者

認股權證A，理論上的現價為：

［$54.80（股票現價）－ $45（行使價）］／10（換股比率）＋$0.105（認股權證A現價）
＝$1.085

間接投資認股權證A：
1,000,000股 x $1.085（認股權證A現價）
＝$1,085,000（投資現值）

認股權證的回報：

投資成本：
股票A甲甲三三購A　　　＝$780,000
股票A乙乙三八購A　　　＝$105,000
　　　　　　　　　　　＝$885,000（總投資成本）

實質回報：
$1,085,000（股票A乙乙三八購A現值）＋ $0（股票A甲甲三三購A
現值）– $885,000（總投資成本）
＝$200,000（實質回報）

別忘記，如以認股權證的方式來投資同一股票的話，資金其實尚未
用完，在投資過兩筆認股權證之後，剩餘資本如下：

投資預算：　　　　　　$5,380,000（相等於股票A正股的投資）
股票A甲甲三三購A：　　$780,000（股票A甲甲三三購A）
股票A乙乙三八購A：　　$105,000（股票A乙乙三八購A）

剩餘資金：　　　　　　$4,495,000（剩餘資本）

以更低的價格把早前虧損的資本賺回來：

要追回落後的股票，應盡快把投資現價等於成本，打和離場，降低
買入平均價是最好的方法，因為在第二次買入認股權證時價格遠低
於第一次買入，所以平均價會比當初買入的為低。

13.5　選擇認股權證

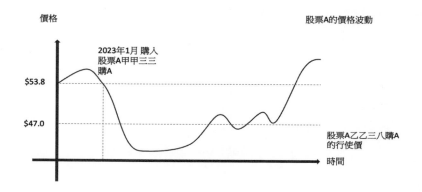

怎樣在琳瑯滿目的認股權證中挑選出最理想的認股權證呢？2023年1月，在正股價53.80元時購買股票A甲甲三三購A的認股權證，認股證在3月30日到期，而且是在價內，行使價為47元，跟正股現價有6.8元的差距，即相差12.64%。

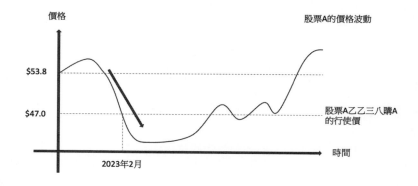

2023年2月，股票A的正股價持續下跌，更跌穿了「股票A甲甲三三購A」的行使價，在認股權證的行使價47元時，認股證和正股面對同一個實際損失，即68萬元。

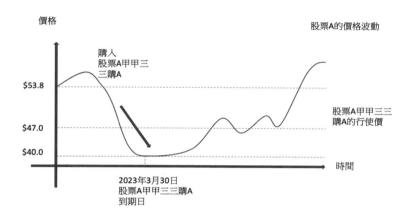

2023年3月30日，股票A正股價在認股權證的行使價以下踏入到期日，以平均40元的正股價結算，認股證的投資變成零了，但相對於直接投資在正股上所損失的138萬元，認股權證的損失只是投資的78萬元。

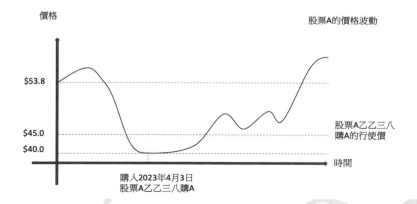

緊接另一交易日，2023年4月3日，運用認股權證的策略，以更少的資本投資同等的股票A正股，再以額外的10.5萬元購買另一隻八月到期的「股票A乙乙三八購A」認股權證，由於行使價比現價高，所以是一隻價外的認股權證。

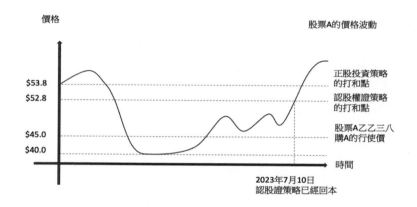

由於在投資認股權證上只用了88.5萬元（78萬元+10.5萬元）的本金，所以理論上只要股票A的價格回到52.80元便可以回本，相比於投資在正股時需要待到53.80元時才回本，認股權證的回本速度更快。

當股票A的價格升到了52.8元時，理論上認股權證A的現價應為：

［$52.80（股票現價）－ $45（行使價）］／10（換股比率）＋ $0.105（認股權證A現價）
＝$0.885

股票A乙乙三八購A的價值為：
$0.885x1,000,000
＝$885,000

投資者的投資本金就是88.5萬元,亦即是再投資股票A乙乙三八購
A時,連同之前投資在股票A甲甲三三購A的投資本金「打和點」,
打和點是我在投資某一認股權證時經常考慮的其中一個重要因素,
因為在同一隻股票下有太多不同的認股權證,而要搜尋到性價比最
高的認股證,就要透過不同的槓桿比率、打和點、時間值、合理行
使價、安全邊際等分析而得出來的結果。

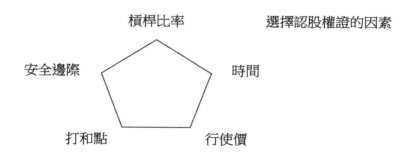

如前所述的例子,明顯可以看到兩隻分別在不同時間買入的認股權
證中,價外的認股權證的倍化速度比價內的認股權證更大,所以桿
杆比率下,價外的認股權證必定比起價內的高出很多:

假設股票B的現價為52.15元

股票B甲甲三四購A　　　到期日:2023-04-18　　價內
行使價:46.00　　　　　換股比率:10　　　　　　價格:$0.590

股票B乙乙三四購A　　　到期日:2023-04-24　　價外
行使價:54.88　　　　　換股比率:10　　　　　　價格:$0.088

股票B由$52.15上升到$58.00時,兩隻認股權證的理論性價格為:

		理論性價格
股票B甲甲三四購A	（$58.00-$46.00）/ 10	$1.200
股票B乙乙三四購A	（$58.00-$54.88）/ 10	$0.312

兩隻認股權證的升幅：

		升幅
股票B甲甲三四購A（$1.200-$0.590）/ $0.590		103.38%
股票B乙乙三四購A（$0.312-$0.088）/ $0.088		254.54%

升幅百分比越大，槓桿比率越高，即意味著能以更少資金便可以購買到相同數量的股票B，所以一般我都會選擇價外的認股權證，價外認股權證的變化較價內的認股權證大，然而，價外的風險亦都會相應地大很多。要平衡風險和回報，我一般會選擇一年或以上等較長年期的行使價來對沖價外認股證的風險。

認股權證風險管理的重要性：

在本書較前的章節中講述了為什麼要投資，而在現今的社會，投資基本上是必備的過程，不過，投資的最大挑戰就是風險，所以正如之前所述，必須要用「閒錢」來投資，運用理財來增加投資者的「持貨能力」，控制投資金額、絕對決斷和投資於單一股票策略。由於我主要投資在認股權證上，所以我會額外加上兩個因素去管理獨立投資認股權證的風險：

時間的重要性，認股權證的價值離不開正股表現：

之前提過很多關於正股的估算工具，但即使我們能辨別出一個市場缺口，或者辨別出一間獨立企業的價值正偏離其原有價格，也不一定能夠即時反映在股價之上，這亦是股票市場有趣的地方。會造成

這種偏離價格的情況，是源於資訊不對等，因為許多股票市場參與者在沒有做妥準備功夫下便去投資，所以資訊才會不對稱，市場往往因此而出現機會或市場虛位來等我們來發掘。就像一開始時的股票市場故事一樣，航海的船隻最終能賺取多少回報，真的要等到那艘船隻歸來後才能知道我們的計算是否正確，亦是現實生活中業績公告的一刻，因為真實的數據，要在業績公告的一刻才能完全確認。

基於市場的不確定性，我們要做的，就是要有耐性去等待。其實投資是一個非常漫長而且沉悶的過程，投資者等待的時間比投資的時間更長，當然我認為悶悶的去賺錢，總好過尋求刺激地去虧損。所以我會預期需要等待一年半載以上，股票才會回歸到其真正的價值上。在股票還未真實反映到其價格前，我們先作投入，亦即在價外投入資金，持有一年半載，等待市場能真正地反映這間公司的真實價值，先由價外買入認股權證，然後持有至價內，便能使升幅最大化。

以組合來計算總風險而非單一計算獨立的產品風險：

如股票A一樣，我可以運用股票A的例子，要用上538萬元買10萬股正股，何不用上一個現金和認股權證的組合去投資，投資組合如下：

認股權證A：　　　　　　HK$780,000　　（佔14.5%總資金比）
剩餘的流動資金：　　　　HK$4,600,000　（佔85.5%總資金比）

即使認股權證A有著100%風險，投資本金有機會歸零也好，對於我的投資組合虧損也只是14.5%，我還可以把我的剩餘流動資金放到銀行定期上，進一步把風險減低，例如，我的認股權證年期為一年，我大可把流動資金放在定期上，例如是3%一年，賺取利息

13.8萬，即使認股權證全數虧損，定期的利息也可以幫組合減輕了部分的風險。

至於組合要怎樣配置，這是一個非常個人的決定，因為這涉及到個人的風險承受能力，因為大部分投資者會虧損的原因是投資前沒有做足準備功夫，發生任何事件也不能判斷是一次性風險或是持續性風險；加上資金在未有做好財務規劃時便貿然出手投資，分不開這筆資金是否真正的「閒錢」，這些因素都會導致到投資者因為市場波動而成為驚弓之鳥，獨立股票也好，大市下跌也好，都會因嚇怕自己太早賣掉優質股票離場，這顯然是非常可惜。

對於我個人而言，我不會依靠坊間裏面很多風險承受能力的問卷，不管你填得多麼詳細，那些問卷都不能反映你的投資取向。因此，我在每次投資前都會撫心自問自己兩個問題：

1：這筆資金虧損了，對我實際上有什麼現在或未來的影響？
2：有沒有更好的方法運用這筆資金？

簡單來説，就是我是否輸得起這筆資金？然而，如果你能答上以上兩個問題的話，最後用多少資金來進行投資，就看你自己的決定了，不過，不能否認，我從來都不會把資金百分百投資在股票市場中，因為這做法在策略上是絕對錯誤的，除非是上帝或先知者去做投資，否則，既然市場走向也不是百分百如預期的，那麼我一定會先預留一些資金，當市場有不確定性時作對沖或溝貨的準備，這亦是我在疫情中致勝的關鍵所在。

我相信運氣能帶來財富，所以我很感恩現在我所擁有的一切，但我更相信「策略」、「系統」，能有效地幫助我做出正確的投資和管理風險。

我相信運氣，
但我更相信投資策略。

14
第一次的買賣成績

之前提到，在疫情發生初期，香港股票市場不跌反升，雖然從多方面的角度都顯示大市會向下滑行，但短期波動的威力實在過大，如之前所說，大市就像一個患有神經病的病人，即使面對疫情的不確定性，依然會有很多投資者不知道為什麼而看漲。

恆生指數2020年2月3日到2月16日的大市表現

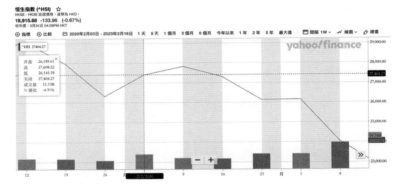

資料來源：雅虎財經

14.1　疫情開始時不跌反升

恆生指數在2020年2月3日，沒有如我所料般向下，反而還上漲了，一星期由27,404點上升到27,815點，而到了另一個星期的收市前，大市只是微微回落到27,308點。

我吸收了金融海嘯的經驗，2008年9月15日，我在家中和家人享受中秋節的假期，一邊吃月餅、一邊賞月，然後打開電視機，看見新聞不斷重播一宗我畢生難忘的事件——雷曼兄弟倒閉，那一刻我才如夢初醒，沒想到小小的次按危機會觸發一間百年老店因為骨牌效應而倒閉，當時我才意識到什麼是蝴蝶效應。其實我們在雷曼兄弟

倒閉的初期已經有很多行動避開大市風險，但我有點猶豫不決，希望在虧損中等到升市時才沽出投資，但原來投資市場是不容許有半點猶豫，不到一個月，恆生指數在中秋節後第一個交易日起，由19,000點下跌到最低12,000點，跌幅超過三成，在我記憶中，市場上沒有任何一個投資板塊是升的，當恆生指數跌到12,000點水平時，基本上也沒有必要沽售任何股票了，只能被動地默默等待大市回調的一刻。

2008年9月15日，雷曼兄弟倒閉後恆生指數的表現

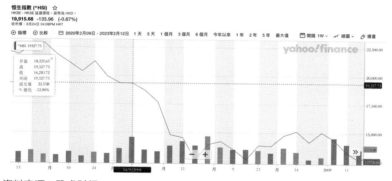

資料來源：雅虎財經

這次疫情卻完全不同，武漢2020年1月23日起開始封城，到農曆新年過後的2月16日，差不多有一個月的時間，大市仍然向上，這令我覺得匪夷所思，因為我在足夠的分析下，才在2月3日買入不少的認沽證，同時我又會跟很多的朋友和同事分享我的看法，因為在短線的情況下作基本分析是比較有缺陷，所以不知道大市為何會有向上的波幅，其中一個朋友還把我辱罵了一頓，說：「根本不可能有人預知到大市會向下的情況。」然而，這句話我是十分認同的，因為我們的確不是在看水晶球，沒有人知道何時會發生什麼事情，我們能夠做的，只是把機會率計算好，做好風險管理，然後見機而

行，參考到2003年SARS時的股市表現，我認為香港股市上漲突破的機會率不高，也沒有利好消息，其實沒有好消息的時間，剩下的就只有壞消息。

14.2
中國的疫情影響，最先反映在美國股市

2020年2月17日，美國道瓊斯工業指數因新冠疫情擴散的關係而持續下跌，由接近29,000點水平下跌到3月16日的19,000點，跌幅超過52.63%。

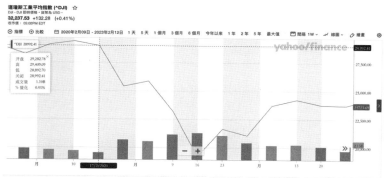

資料來源：雅虎財經

由於疫情擴散的關係，各國開始採取封關措施，美國當然也不例外，所以大部分的飛機也不能如常起飛，導致航空行業迎來突如其來的風險，當時全球其中一間最大型的飛機製造商波音有著極大風險，因為停飛的關係，所以民航客機方面，大部分航空公司突然受影響，導致到整個產業供應鏈出現了前所未有的問題，以製造民航客機為主要收入的波音公司盈利一定有所牽連。

The Boeing Company and Subsidiaries
Notes to the Consolidated Financial Statements
Summary of Business Segment Data

(Dollars in millions)

Years ended December 31,	**2020**	2019	2018
Revenues:			
Commercial Airplanes	**$16,162**	$32,255	$57,499
Defense, Space & Security	**26,257**	26,095	26,300
Global Services	**15,543**	18,468	17,056
Boeing Capital	**261**	244	274
Unallocated items, eliminations and other	**(65)**	(503)	(2)
Total revenues	**$58,158**	$76,559	$101,127

資料來源：波音2020年年報

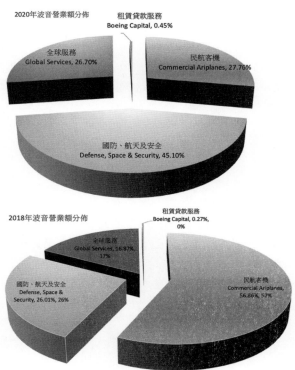

2020年波音營業額分佈
租賃貸款服務 Boeing Capital, 0.45%
全球服務 Global Services, 26.70%
民航客機 Commercial Ariplanes, 27.76%
國防、航天及安全 Defense, Space & Security, 45.10%

2018年波音營業額分佈
租賃貸款服務 Boeing Capital, 0.27%, 0%
全球服務 Global Services, 16.87%, 17%
國防、航天及安全 Defense, Space & Security, 26.01%, 26%
民航客機 Commercial Ariplanes, 56.86%, 57%

資料來源：波音2020年年報

14.3　波音危機

現在翻查波音公司2020年的財務報表，波音公司真是屋漏兼逢連夜雨，由2019年3月，美國政府勒令要求波音公司停止生產涉及兩宗致命的航空意外的新型飛機737MAX，令到波音的營運出現了巨大的風險，民用客機製造營業額從2018年的574.99億美元減少至2019年的322.55億美元，跌幅接近44%，加上在新冠疫情下，民航客機的營業額從2019年的低位再下跌多近50%，只有161.62億美元，如果2018年的營業額是屬正常表現的話，波音公司的民航客機營業額由2018年到2020年的跌幅超過71%，可想而知，波音公司有著巨大的現金流壓力。

Customer-related risks: Commercial air traffic has fallen dramatically due to the COVID-19 pandemic. This trend has impacted passenger traffic most severely. Near-term cargo traffic has also fallen, but to a lesser extent as global trade has begun to recover. Most airlines have significantly reduced their capacity, and many could implement further reductions in the near future. Many airlines are also implementing significant reductions in staffing. These capacity changes are causing, and are expected to continue to cause, negative impacts to our customers' revenue, earnings, and cash flow, and in some cases may threaten the future viability of some of our customers, potentially causing defaults within our customer financing portfolio, which was $2.0 billion as of December 31, 2020 and/or requiring us to remarket aircraft that have already been produced and/or are currently in backlog. If we are unable to successfully remarket these aircraft and/or the narrow-body and wide-body markets do not recover as soon as we are currently assuming, or if we are required to further reduce production rates and/or contract the accounting quantity on any of our commercial programs, we could experience material reductions in earnings and/or be required to recognize a reach-forward loss on one or more of our programs. For example, in the fourth quarter of 2020, we recognized a reach-forward loss on the 777X program in part due to impacts related to the COVID-19 pandemic. In addition, if 737 MAX aircraft in one or more jurisdictions remain grounded for an extended period of time, we may experience additional reductions to backlog and/or significant order cancellations. Additionally, we may experience fewer new orders and increased cancellations across all of our commercial airplane programs as a result of the COVID-19 pandemic and associated impacts on demand. Our customers may also lack sufficient liquidity to purchase new aircraft due to impacts from the pandemic. We are also observing a significant increase in the number of requests for payment deferrals, contract modifications, lease restructurings and similar actions, and these trends may lead to additional charges, impairments and other adverse financial impacts in our business over time. In addition, to the extent that customers have valid rights to cancel undelivered aircraft, we may be required to refund pre-delivery payments, putting additional constraints on our liquidity.

In addition to the near-term impact, there is risk that the industry implements longer-term strategies involving reduced capacity, shifting route patterns, and mitigation strategies related to impacts from COVID-19 and the risk of future public health crises. In addition, airlines may experience reduced demand due to reluctance by the flying public to travel due to travel restrictions and/or social distancing requirements.

資料來源：波音公司2020年年報

根據波音公司2020年的財務報表，他們的客戶同樣因為新冠疫情導致現金流有極大的壓力，有機會不能歸還所有的合約所承諾的款項，需要撥備壞帳，涉及金額達到20億美元，令到他們不得不和客戶交涉，延遲合約付款期以及重組合約內容，而在有些情況下，客戶有權取消未交付的訂單，導致波音公司需要把訂金退還，如有大量積壓的飛機存倉，需要花費額外的成本，把積壓的存倉飛機賣出。

The Boeing Company and Subsidiaries
Consolidated Statements of Financial Position

(Dollars in millions, except per share data)

December 31,	2018	2017
Other long-term liabilities	3,059	2,015
Long-term debt	10,657	9,782

資料來源：波音2018年年報

The Boeing Company and Subsidiaries
Consolidated Statements of Financial Position

(Dollars in millions, except per share data)

December 31,	2020	2019
Other long-term liabilities	1,486	3,422
Long-term debt	61,890	19,962

資料來源：波音2020年年報

疫情本身就是一個「一次性風險」，之後可能都不會持續地有疫情，但在經歷疫情之前，波音公司反而有一個「持續性風險」。波音公司在2019年，發生了737MAX事件後，已經有現金流的問題，對比2018年，明顯地借多了長期負債，由106億美元增長1倍到接近200億美元的水平，2019年時的長期貸款已夠誇張，但經歷過首年疫情之後，波音公司2020年的長期貸款達到了618.9億美元，是2019年的3倍以上，也是2018年相對正常的6倍以上。可想而知，波音需要更長的時間恢復元氣。但其實在2020年波音還未有得到政府貸款時，很多人認為波音很大機會會資不抵債，不能履行債務，導致有債務違約的風險，甚至倒閉，拖垮了整個美國銀行業，在骨牌效應的影響下，有機會觸發另一次金融海嘯。

當然我沒有那麼神奇，在疫情前已洞悉到波音公司原來已出現問題，但基於疫情下，也不會有太多好消息，而且在2003年SARS期間，股票市場下滑得很厲害，在對沖我的生意下為前提，決定在2020年2月3日，用上50萬港元的預算，投資五隻不同到期日的認股權證，認股權證的分佈如下：

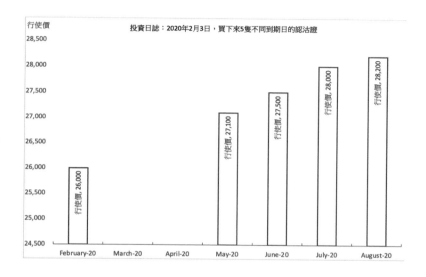

行使價

投資日誌：2020年2月3日，買下來5隻不同到期日的認沽證

- 行使價, 26,000 (February-20)
- 行使價, 27,100 (May-20)
- 行使價, 27,500 (June-20)
- 行使價, 28,000 (July-20)
- 行使價, 28,200 (August-20)

當時恆生指數是27,404.27點，由於不清楚恆生指數會不會如我所料在短期內大幅向下，我把50萬港元平均分佈在不同的認股權證上，即每隻認股權證投資10萬港元，認沽證是指當恆生指數跌低於行使價時，兩者相差的再加上時間值，便是認股證的價格，如上圖所見，我選購了一隻二月底到期的認沽證，而且是價外的，即行使價比買入時的恆生指數還要低。因為如果恆生指數有即時反應及下跌的話，這隻認沽權證相比其他短年期的認股權證更賺錢，而且這隻2月份到期的認沽證只佔這筆投資的五分一資金，我相信我能承擔起這份風險。

認沽證的計算

$$\left(\text{行使價} - \dfrac{\text{「現在」正股價（相關資產）}}{\text{除數／換股比率}}\right) + \text{時間值}$$

以上所謂的「除數」並不複雜，其實只是換股比率的另外一個名稱，因為兌換的資產是恆生指數，所以在定義上並沒有換上任何股票，但又需要以一個名稱來作為基數計算認股權證的價值，所以就稱這個基數為「除數」。

假設在2月16日，恆生指數突然下挫至23,000點水平，以下就是我的盈利：

認沽證：#28873　　　購入1,900,000股
恆生指數2月認沽證
時間值計算：購買時是價外，時間值＝認股權證現值
（26,000[行使價]-23,000[現價]）／8,500[除數]+0.051[時間值]
=HK$0.4039

認沽證：#15873　　　購入560,000股
恆生指數5月認沽證
時間值計算：購買時是價外，時間值＝認股權證現值
（27,100[行使價]-23,000[現價]）／9,400[除數]+0.177[時間值]
=HK$0.6132

認沽證：#16975　　　　購入440,000股
恆生指數6月認沽證
時間值計算：0.227[認沽證現值]–（27,500[行使價]–27,404[購入時恆生指數]）/ 9,000[除數]
=HK\$0.2163

（27,500[行使價]–23,000[現價]）/ 9,000[除數]+0.2163[時間值]
=HK\$0.7163

認沽證：#20047　　　　購入310,000股
恆生指數7月認沽證
時間值計算：0.315[認沽證現值]–（28,000[行使價]–27,404[購入時恆生指數]）/ 9,000[除數]
=HK\$0.2488

（28,000[行使價]–23,000[現價]）/ 9,000[除數]+0.2488[時間值]
=HK\$0.8044

認沽證：#18975　　　　購入330,000股
恆生指數8月認沽證
時間值計算：0.295[認沽證現值]–（28,200[行使價]–27,404[購入時恆生指數]）/ 10,000[除數]
=HK\$0.2154

（28,200[行使價]–23,000[現價]）/ 10,000[除數]+0.2154[時間值]
=HK\$0.7354

各認股權證的預估盈利就是：

認沽證：#28873
投資金額： HK$97,198.17
恆生指數2月認沽證現值： HK$767,410（+689%）

認沽證：#15873
投資金額： HK$99,425.00
恆生指數5月認沽證現值： HK$343,392（+245%）

認沽證：#16975
投資金額： HK$100,187.33
恆生指數6月認沽證現值： HK$315,172（+214%）

認沽證：#20047
投資金額： HK$97,950.47
恆生指數7月認沽證現值： HK$249,364（+155%）

認沽證：#18975
投資金額： HK$97,649.55
恆生指數8月認沽證現值： HK$242,682（+148%）

14.4 「末日輪」的問題

但可惜天氣不似預期，如意算盤亦打不響，雖然美國道瓊斯工業平均指數由2月10日的高位29,398點，回落到2月底的25,409點，下跌了15.7%。可是，香港恆生指數由2月10日的高位27,815點，下跌到2月底最低的26,129點，只下跌了6.45%，而且2月收報26,129點，微微高於我第一隻2月到期日的認沽證，#28873率先陣亡。

這個案例正是要告訴大家，為什麼我要堅持買長年期的認股權證，因為市場需要時間去消化消息和反映真實的市場價值，這隻認股權證#28873是上天給我的一個啟示，不管你的分析多麼獨到、多麼的準確，都需要時間讓市場慢慢將其價值浮現出來，就如行軍打仗一樣，心浮氣躁、急攻近利的話，很容易遭受到滅頂之災。即是我希望以#28873的認股權證突襲市場，選一些非常近到期日的末日輪，即使全軍覆沒，都需要從中學習，這樣才能提升自己，打更有把握的仗。

我認為這隻2月份的認股權證給我相當大的教訓：

第一：我意識到非常近期的末日輪和賭博沒有太大分別，我不喜歡賭博，因為賭博完全依靠的是運氣。

第二：既然是賭博，即使如前所述，我能夠預知到他的潛力回報可以高達接近七倍，我都不會下重注碼在這一隻認沽證裏，因為他的風險過高，管理這樣的風險，只能從投資預算著手，即小注碼投資，但那根本不會賺到大錢。

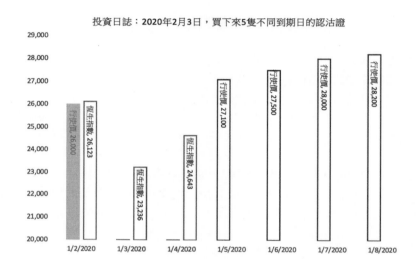

投資日誌：2020年2月3日，買下來5隻不同到期日的認沽證

最令我感到可惜的，是2020年3月的恆生指數開始反映疫情帶來的風險，3月底時，恆生指數到達了23,236點，遠低於2月的認沽證行使價，也接近我估算出來的恆生指數，所以投資必需具備耐性，等待機會，別被似是而非的利益沖昏了自己的耐性。

Transaction summary 交易摘要

Securities ID 證券編號	Securities description 證券資料			
	Transaction date /Settlement date 交易日期 / 交收日期	Unit price 單位價格	Quantity 數量	Settlement amount 交收金額
WARRANTS 28873	UNTRADE-HT-HSI EP2002P(CASH)　海通恒生指數2020年02月認沽證P　(WTS)			
	02MAR2020　　02MAR2020	N/A	1,900,000-	
	Reference: CORHUS575633000　Type: CWN COR DELIVERABLE			

我的投資帳戶：2020年3月

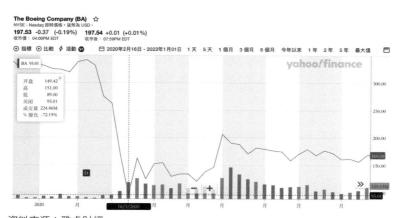

The Boeing Company (BA) ☆
NYSE - Nasdaq 即時價格, 貨幣為 USD。
197.53 -0.37 (-0.19%) **197.54** +0.01 (+0.01%)
收市價: 04:00PM EDT 收市後: 07:59PM EDT

⊕ 指標 ♦ 比較 ♦ 活動 🏷️ 📅 2020年2月16日 - 2023年1月01日 1天 5天 1個月 3個月 6個月 今年以來 1年 2年 5年 最大值 🖼️

BA 95.01

开盘 149.42
高 151.00
低 89.00
关闭 95.01
成交量 224.86M
% 變化 -72.19%

yahoo!finance

300.00
250.00
200.00
166.08
150.00
150.63M
95.01

2020 月 16/3/2020 月 月 月 月 月 月

資料來源：雅虎財經

踏入3月，波音公司已經傳出很多不利的消息，加上各個國家開始封關，大部分航空公司的飛機全面停飛，航空事業面對史無前例的挑戰，波音公司的股價由2月10日的340.49美元跌到2月底275.11美元，跌幅接近20%。豈料市場覺得疫情應該會拖延很久，加上評級機構標準普爾對波音的信貸評級連降兩級由A跌到BBB水平，距離垃圾債券的級別BBB-只是一步之遙，加上裁員和停派息等決定都令到波音公司在三月的股價雪上加霜，市場開始恐慌性拋售波音的股票，將波音公司3月的股價推至谷底，最低報89美元，對比2月10日的股價，只是一個多月的時間，就使股價狂瀉超過七成。那時市場瀰漫著一種悲痛的氣氛，投資者深怕長此下去，波音公司將會倒閉，而波音公司的貸款違約有機會觸發骨牌效應，拖垮整個銀行體系，繼而引發全球金融海嘯，香港作為國際金融中心絕對不能獨善其身。果然，3月份的恆生指數受到外圍市況波及，最低曾跌至22,805點。

當然，作為個人投資，我還有四隻不同到期日的認沽權證，大市由沒有情緒的2月份到3月份的愁眉苦臉，我認為勝局還未奠定，而

且可能只是一個開始，因為疫情除了封關以外，好像也沒有任何解決方法，會波及全球航空企業。還記得恆生指數當時只有幾日下跌超過1,000點，甚至單日跌幅超過2,000點，遺憾的是香港並沒有跟隨美國的大跌幅，有幾天還迎來大奇蹟日，即上午跌超過1,000點，但下午卻倒升的情況。

題外話，最特別之處就是2020年3月的深夜剛巧又重播由鄭少秋主演的《世紀之戰》，雖然我不是技術分析的崇拜者，但我認為「秋官效應」比任何一個技術分析的工具還準確奏效。所謂「秋官效應」，是指當鄭少秋有新劇推出或重播時，股票市場必然會有明顯的跌幅，可能是因為鄭少秋所主演的電視劇《大時代》丁蟹一角就是經常看跌而賺大錢。如果過去也參考「秋官效應」來判斷大市即將下跌的話，在我記憶中好像是萬試萬靈。

14.5　有效地對沖個人的事業

回想到2020年2月和3月時，真的要感恩上天給予我投資的觸覺，疫情之下，根本不可能像以前一般面對面傾談理財策劃的方案，加上當年還禁堂食，連見客的地方也缺乏。再加上生意的壓力和健康夾擊，一方面擔心團隊成員受經濟環境的影響生活，另一方面我也擔心自己會受感染連累家人，三年前我的兩個女兒還小，而我又要每天不斷接觸不同的人，害怕有一天自己也受到感染。不過，我總是希望選擇一個正面的思考模式，上天關了一扇門，必然會打開另一扇窗，就像光與影一樣，由於疫情來臨，行業出現大洗牌的局面，可能對於我和團隊來說是一個機會，因為早在2月份疫情出現的時間，我已經利用認股權證作出對沖，才不用擔心財務上的壓力，令我可以專注於發展團隊和尋求團隊出路，2020年3月我們已經轉型舉辦網上活動，亦鑽研出一套新的網上銷售方法，慢慢地走過了疫情的陰暗。

14.6　無限量化寬鬆政策

回到我們的投資市場，所謂的量化寬鬆就是指聯儲局加大買入銀行或大型企業的債券，貸款給銀行，以增加他們的流動性，從而避開致命的危機，亦即是由聯儲局印銀紙去刺激市場，因為深怕由波音事件觸發的骨牌效應會導致金融海嘯，所以2020年3月15日美國聯邦儲備局特別加印了7,000億量化寬鬆政策，可惜地，3月16日的股市仍然下跌1,000點，所以在3月23日推出了美國史無前例的無上限量化寬鬆政策，即要多少，美國聯儲局就印多少，這無形中亦加強了市場對後市的信心，因為無限量化寬鬆政策可以避免大型企業或銀行倒閉，把他們自身的問題延遲到未來才解決。因為聯儲局是以借貸形式貸款給銀行和企業，而貸款必須有還款時間，所以這無疑把問題延遲到疫情之後才解決，是非常聰明和果斷的做法。

Portfolio details 投資組合評情

Securities ID 證券編號	Securities description 證券資料		Market unit price 單位市價		Market value 市值	
	Portfolio holdings 投資組合					
	The opening balance 期初結餘	The closing balance 期終結餘				
WARRANTS						
15837	JP-HSI EP2005D (CASH)　摩通恒生指數2020年05月認沽證D　(WTS)					
	560,000	560,000　HKD		0.41000	HKD	229,600.00
16975	HS-HSI EP2006A (CASH)　匯豐恒生指數2020年06月認沽證A　(WTS)					
	440,000	440,000　HKD		0.51000	HKD	224,400.00
18975	JP-HSI EP2008A (CASH)　摩通恒生指數2020年08月認沽證A　(WTS)					
	330,000	330,000　HKD		0.54000	HKD	178,200.00
20047	UB-HSI EP2007A (CASH)　瑞銀恒生指數2020年07月認沽證A　(WTS)					
	310,000	310,000　HKD		0.58000	HKD	179,800.00
28873	UNTRADE-HT-HSI EP2002P(CASH)　海通恒生指數2020年02月認沽證P　(WTS)					
	1,900,000	0　HKD		0.01000	HKD	0.00
			Total portfolio value		HKD	812,000.00

我的投資帳戶結餘：2020年3月

14.7 負油價的4月

經過悲痛的3月份後，本來認為無限量化寬鬆足以幫助各大企業和銀行渡過難關，以慢慢等待疫情過去，經濟慢慢復常，可是4月迎來的也是一堆又一堆的壞消息，歷史上從來沒有發生過的負油價出現了，從來沒想過只賣$3美金一桶的紐約期油，在還沒有觸碰到最低位時，便史無前例地出現了-40.32美金一桶原油。坊間立即有很多專家解釋了負油價是因為原油供過於求，令到原有生產商沒有地方庫存，所以如果你願意存放原油的話，生產商願意免費賣油給買家，而且還給予庫存費，即貼錢送油的意思。

我個人完全不相信這種荒天下之大謬，原油急跌絕對是由於期貨市場有太多人集體沽空所致，以陰謀論的角度來說，因為疫情來勢洶洶，每個國家都需要急錢，以過往災難性的時間，可能連一些以往居於道德高地的投資者都忘記了初心，集體沽空期油，導致期油價格急跌，從疫情中撈一筆可觀的收入而置散戶不顧的劣質行為。就像觀看喪屍電影的情節一樣，人面對災難時，人性的自私表露無遺。

負油價的判斷：

其實負油價的判斷很簡單，在我們日常生活中，每天都要開車入油，但負油價的期間，我沒有試過開車到加油站加油，有公司反而補貼運輸費及存倉費給我，甚至乎在我記憶中油公司根本沒有減價促銷汽車汽油，所以我敢肯定負油價只是因為炒賣而造成的後果。

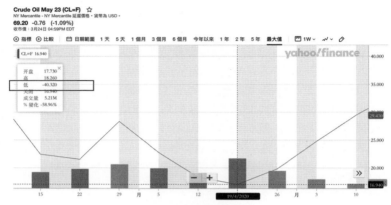

資料來源：雅虎財經（2020年4月紐約期油價格走勢）

回想2020年4月19日這星期，油價跌至負數，如果只是炒賣效果，就已經能夠判斷出這是「一次性風險」，基於一次性風險原則，我會建議買入相關的股票資產，事實上我真的想過和評估過相關的股票，而我認為香港股票當中最相關的是中海油（883），因為中海油是一間純勘探石油的公司，對油價的升跌相關度比較大，同時也沒有煉油和成品油的生意會影響了企業盈利，所以如果判斷原油價格的急挫是「一次性風險」，買入中海油正是絕佳之選。

中海油：合併損益及其他綜合收益表

截至二零二零年十二月三十一日止年度
（除每股數據外，所有金額均以人民幣百萬元為單位）

	附註	二零二零年	二零一九年
收入			
與客戶簽訂的合同產生的收入			
油氣銷售收入	5	139,601	197,173
貿易收入	5	12,131	30,867
其他收入		3,640	5,159
		155,372	233,199

資料來源：中海油2020年年報

中海油：合併財務報表付註

	二零二零年	二零一九年
總收入	142,863	202,635
減：礦區使用費	(2,725)	(4,432)
中國政府留成油	(537)	(1,030)
油氣銷售收入	139,601	197,173
貿易收入	12,131	30,867

油氣銷售收入為油氣銷售減去礦區使用費和對政府及其他礦權擁有者的義務後所得的收入。油氣銷售收入於原油及天然氣交付至客戶，即當客戶獲取了對原油及天然氣的控制權並且本集團對付款有現時權利及很有可能收取對價時確認。

貿易收入指本集團在石油產品分成合同下銷售歸屬於外國合作方的原油及天然氣和通過本公司的附屬公司銷售原油及天然氣的收入，貿易收入於將油氣交付至客戶，即當客戶獲取了對原油及天然氣的控制權並且本集團對付款有現時權利及很有可能收取對價時確認。油氣貿易的成本載列於合併損益及其他綜合收益表的「原油及油品採購成本」中。

付款通常在油氣交付後30天內到期。對於支付與轉移間隔期間小於一年的商品或服務合同，為便於實務操作，本集團未就合同中存在的重大融資成分調整交易價格。

資料來源：中海油2020年年報

從年報上可得知，中國海洋石油業務非常簡單，嚴格來說只有兩種收入：

1：油氣銷售收入——指公司勘探生產石油後銷售所得；
2：貿易收入——子公司購買外國合作方原油後銷售所得；

而其他收入可以不用理會，因為只佔集團的2.3%收入。所以油價的升跌，對中海油是有著絕對的影響，這就是之前所說的關鍵信息。

可能你會問，油價上升也會帶來貿易收入的負面影響，但因為貿易收入只佔集團7.8%收入，所以雖然油價上升會對集團貿易收入下跌，但油氣銷售收入上升時代表會帶動佔集團90%的收入，所以亦相對重要。

反觀中石油（857）的業務比較廣泛，不但有勘探與生產原油業務，還有煉油及化工業務以及直接銷售成品油，因為除了原油價格影響中石油的企業盈利外，煉油及化工業務的成本源於高溫加熱原油，所以能源價格高企也意味著高成本，銷售成品原油還需要有廣泛的市場推廣，成品油的質素以及分店地點也是企業盈利的關鍵，但這些因素都和原油價格無關，加上煉油及化工業務以及直接銷售成品油的收入加總佔中石油收入71%，對比起勘探與生產的收入大很多，所以原油價格的上升不一定會對中石油有正面影響。

40　營業收入和營業成本

| | 本集團 | | | |
| | 2020 年度 | | 2019 年度 | |
	收入	成本	收入	成本
主營業務(b)	1,875,016	1,485,062	2,458,600	1,941,729
其他業務(c)	58,820	61,542	58,210	60,674
合計	1,933,836	1,546,604	2,516,810	2,002,403
其中：合同收入(a)	1,932,753		2,515,660	
其他收入	1,083		1,150	

資料來源：中石油2020年年報

(b) 主營業務收入和主營業務成本

| | 本集團 | | | |
| | 2020 年度 | | 2019 年度 | |
	收入	成本	收入	成本
勘探與生產	512,349	401,189	654,225	465,969
煉油與化工	766,358	566,858	991,817	747,042
銷售	1,473,620	1,420,966	2,052,289	1,999,819
天然氣與管道	362,559	331,063	384,438	353,235
總部及其他	493	296	479	282
板塊間抵銷數	(1,240,363)	(1,235,310)	(1,624,648)	(1,624,618)
合計	1,875,016	1,485,062	2,458,600	1,941,729

資料來源：中石油2020年年報

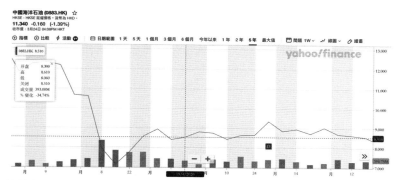

資料來源：雅虎財經（中海油股價2020年4月19日的走勢）

雖然能判斷出油價下跌是一次性風險，亦是買入的時機，但由於中海油在經歷了負油價的影響下股價沒有太大的變化，亦沒有預期中的走低或急插，所以即使油價跌到負數，仍然不會作出買賣，因為這一次性事件沒有創造出一個超低估的股值，市場及投資者也沒有因為這次事件而恐慌及拋售股票，股價因而沒有太大改變，因此，我當時並沒有作出買入的決定。

14.8 事件記錄，判斷大市

當每次事件發生時，我都會用紙筆記錄現在的大局，分辨為利好和利淡的事情：

2020年4月份的利好利淡因素：

利淡事件：
疫情（短期性）
封關（短期性）
負油價（短期性）
波音危機觸發金融海嘯（解決）

利好事件：
無限量化寬鬆（無限QE）

每日都有大量的資訊在市場上出現，我們只需要判斷哪些是持續性風險、哪些是一次性風險就已經足夠，然而無限量化寬鬆解決了波音危機，最起碼把波音的危機延後，令市場不再因為擔心疫情而觸發大量的經濟危機、最起碼無限量化寬鬆減低了大型企業倒閉的風險。

短期性的一次性風險

如前所述，負油價的情況也是炒賣而導致的，屬短期性的一次性風險；至於疫情和封關，參考到2003年香港SARS時，由2003年2月疫情開始擴散，到4月世衛將香港列入疫區，而最後於6月把香港移除疫區之列，疫情在短短四個月左右完結，我當時判斷COVID-19疫情很快便會過去，從而一切回復正常，所以疫情、封關對於當時的我來說只是一個短期性的風險。

如果疫情是短暫，而波音危機也去除的話，那麼所有壞消息都是短期，而股票市場就是經濟的前瞻，當壞消息也去盡時，剩下的只會是好消息，於是我立刻把手頭上的認沽證沽清。

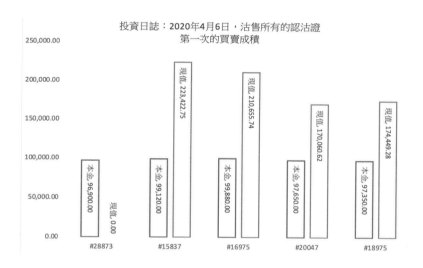

投資日誌：2020年4月6日，沽售所有的認沽證
第一次的買賣成積

既然已經分析好現有形勢，那麼我就把手上的認沽證一掃而空，因為當時已經沒有大型的風險。而恆生指數最低也只是試過到達22,805.07點，比起買入時的27,404.27點，大市下跌了超過4,500點，雖然下跌的幅度沒有我預期中那麼巨大，但分析過後，認為持有認沽證的風險越來越高，加上大市的上升機會也提高了不少，所以在有盈利的情況下，我把所有的認沽證在2020年的4月6日賣掉。

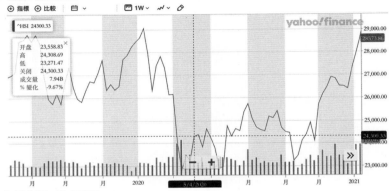

資料來源：雅虎財經

Securities ID 證券編號	Securities description 證券資料		Unit price 單位價格		Quantity 數量	Settlement amount 交收金額	
	Transaction date /Settlement date 交易日期 / 交收日期						
WARRANTS							
15837	JP-HSI EP2005D (CASH) 摩通恒生指數2020年05月認沽證D (WTS)						
	06APR2020	08APR2020	HKD	0.40000	560,000-	HKD	223,422.75
	Reference: SALHUS381452001	Type: SAL					
16975	HS-HSI EP2006A (CASH) 滙豐恒生指數2020年06月認沽證A (WTS)						
	06APR2020	08APR2020	HKD	0.48000	440,000-	HKD	210,655.74
	Reference: SALHUS381475001	Type: SAL					
18975	JP-HSI EP2008A (CASH) 摩通恒生指數2020年08月認沽證A (WTS)						
	06APR2020	08APR2020	HKD	0.53000	330,000-	HKD	174,449.28
	Reference: SALHUS381501001	Type: SAL					
20047	UB-HSI EP2007A (CASH) 瑞銀恒生指數2020年07月認沽證A (WTS)						
	06APR2020	08APR2020	HKD	0.55000	310,000-	HKD	170,060.62
	Reference: SALHUS381509001	Type: SAL					

我的投資帳戶：2020年4月

經歷了第一次的投資，雖然有所收穫，但完全不是我想像中那麼巨大的回報，總回報的金額為287,688.39港元，即58.60%，不過，這兩個月以來，我得到很多寶貴的投資經驗。

我相信這個投資成績並不是我在疫情當中投資的終結，而是這個投資旅程的開始。

疫情下第一個買賣結果：2020年2月到4月認沽證的回報

900,000.00	
800,000.00	
700,000.00	
600,000.00	**58.60%**
500,000.00	
400,000.00	778,588.39
300,000.00	
200,000.00	490,900.00
100,000.00	
0.00	

總回報：HK$287,688.39（增長58.60%）

15

疫情中第二次買賣—友邦保險

15.1　疫情的變化，
創造了第二次買賣的機會

疫情剛開始時，我們的生活變成大多居家工作，大家都很怕受到感染，一來大家害怕感染後受到各大傳媒的廣泛報道，當時有疫情記者會講解疫情，會把不同的感染群組宣讀出來，什麼打邊爐群組、跳舞群組、慶回歸群組等，每名患者也被安上了一個號碼，就像囚犯一樣，雖然我覺得感染了COVID-19並不是任何人的錯，但在疫情時代下，公眾亦需要有知情權，因此這做法亦都無可厚非的，縱使我想出名，但也不希望以這種方式上新聞報道；另一方面，大家也怕自己受感染而連累家人，那時，我的孩子還小，真的不希望孩子受感染，但疫情期間又要煩惱於事業中的團隊士氣，所以其實我當時也是不斷外出，以尋找商機。

疫情在2020年3月到4月時，因為病毒在歐洲迅速擴散，所以很多人回流返港，觸發第二波疫情達到高峰，限聚令、社交距離也應運而生，令香港的經濟也跌入水深火熱之中，像我們這種需要面對面銷售的行業更是受到前所未有的衝擊，每天重複公布確診人數上升的數字往往令人憂心。當然，股票市場在反覆變幻的疫情下，也不可能有太大的突破，恆生指數只能一直徘徊23,000點到24,000點的區間行走。

進入夏天後，疫情由3月的高峰期慢慢到4月中旬時開始回落，大家也逐漸適應了新的生活模式，譬如在家工作、出門戴上口罩，大家的生活都一如以往開始復常，更加鼓舞的消息是感染人數開始下降，有幾天甚至是零感染，令到我覺得疫情將會好像沙士一樣在短時間內消失，還記得2003年沙士消失之後，恆生指數就不斷攀升，所以如果判斷疫情將會消失時，把握疫情的最高峰期，就是買入的絕佳機會。

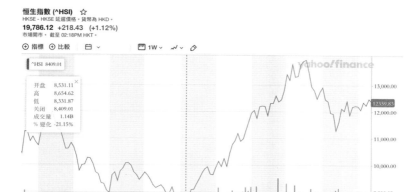

資料來源：雅虎財經（2003年恆生指數的走勢）

還看SARS期間，恆生指數的最低位是2003年4月20日，當時香港被世衛列為疫埠，也是SARS比較嚴重的時間，不過唯一不同的是，2003年4月20日後，SARS的感染數字開始回落，但並沒有跡象會完全解決，這種狀態我認為就是入市的絕佳良機，當然我不會太在意買入時是不是最低的位置，只要是相對低的位置便可以了。

疫情變化當然實在很難掌握，但的而且確，我之前把所有的認沽證沽售的時候是想清想楚已經沒有太大的下跌風險，有鑒於疫情在2020年5月時開始回落，更有幾天是單位數字甚至零增長，於是我決定開始部署買入另外一些股票，最先入為主的想法，當然是直接購買另一些恆生指數的認股證，但指數的認購權證往往是偏向比較多短年期，即六個月到九個月不等的，然而用認股權證的投資，通常我也不會持有至到期日，多數於到期日前的三個月沽售，給予自己多一點時間部署，而且我認為當疫情過去，太多利好消息一次過降臨，例如通關、生活回復正常、所有企業應當回到了疫情前的高位，所以市況會持續地上升。

因為我相信人類現今的醫療科技，總會有復常的一日，一定會有找到適合的疫苗或者研發到新冠肺炎藥物的一天，十多年前SARS也是來勢洶洶，最後在夏天中消失得無影無蹤，我認為今次的COVID-19亦一樣，可能在夏天時就會消失，既然不投資於恆生指數的認購權證，那麼我嘗試尋找另一些和恆生指數相關的投資工具。

AIA友邦保險（1299）

選擇友邦保險是因為看好環球的投資市場回復正常，環球的企業將會重返疫情前的股價。

百萬美元	附註	截至2019年12月31日止年度	截至2018年12月31日止十三個月
收益			
保費及收費收入	6	34,777	33,881
分保至再保險公司的保費		(2,166)	(1,968)
淨保費及收費收入		32,611	31,913
投資回報	10	14,350	4,077
其他營運收益	10	281	307
總收益		47,242	36,297

資料來源：友邦2019年年報

在友邦保險2019年的年報中，其實可以發現友邦保險主要有兩種收益，一種是保費收益，另一種是投資收益。其實像友邦這類型的企業非常好，進可攻退可守。

防守上，公司在保費收入市場比較穩定，保險供款大家也知道是一個長期性質的供款，保險的主要產品也是中、長線供款形式，投保人極少會買保險供款一年然後退保，而保費的收益是包含了新增的保單和續保保單，所以即使是完全沒有新保單的話，保險公司依然可以有保費收入，就是那些續保的保費。

8. 總加權保費收入及年化新保費

管理層進行決策及內部表現管理時，以本集團總加權保費收入作為量度年/期內營業額的表現計量標準，並以年化新保費作為量度新業務的表現計量標準。本附註的呈列乃與附註9的報告分部呈列一致。

總加權保費收入由再保險分出前的續保保費100%、首年保費100%及整付保費10%所組成，當中包括根據本集團會計政策計列為存款的保費存款及合約供款。

管理層認為總加權保費收入為報告期間有潛在能力為股東產生溢利的交易提供一個指標性的交易量計量標準。所列示數額並不打算成為合併收入表中所記錄的保費及收費收入的指標。

年化新保費是新業務的關鍵內部衡量指標，由再保險分出前的年化首年保費100%及整付保費10%所組成。年化新保費不包括退休金業務、個人險種及汽車保險的新業務。

8. 總加權保費收入及年化新保費 (續)

總加權保費收入 (續) 百萬美元	截至2019年 12月31日 止年度	截至2018年 12月31日 止十三個月
各地區的續保保費		
香港	10,764	9,766
泰國	3,636	3,614
新加坡	2,423	2,377
馬來西亞	1,794	1,897
中國內地	3,567	3,269
其他市場	5,674	5,658
總計	27,858	26,581

年化新保費 百萬美元	截至2019年 12月31日 止年度	截至2018年 12月31日 止十三個月
各地區的年化新保費		
香港	2,393	2,793
泰國	729	648
新加坡	538	562
馬來西亞	406	396
中國內地	1,248	1,098
其他市場[1]	1,271	1,273
總計	6,585	6,770

資料來源：友邦2019年年報，合併財務報表附註8

因為保險公司的保費收入是基於100%續保保費、100%新保單的首年保費及10%整付保費（即一筆過付款的保險）所組成，而續保保費佔集團的保費收入為80%[27,858／（27,858＋6,585）]，而且有「年化新保費」的增長時，新保費背後的每一張保單又會成為了續保保費，令財務上更加穩健。即使按2019年的數據，新保單數量下跌了一半，即由65億美元下跌至32.5億美元，對集團整體收入來說也只是下跌了不到10%。（32.5億／344億）

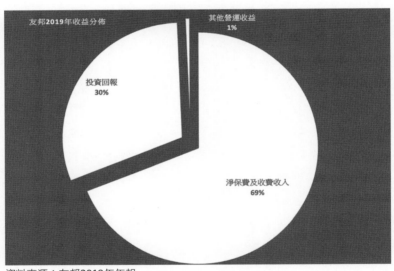

資料來源：友邦2019年年報

進攻方面，集團除了保費及收費收入外，還有30%是投資收入。這主要是通過環球投資所得出來的回報，而友邦用上了79%的資產作金融投資，可想而之當股票市場向上或者向下時，就會對友邦的股價造成嚴重影響，所以市場的升跌是友邦保險的關鍵信息。

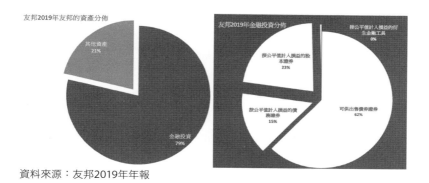

友邦2019年友邦的資產分佈

其他資產 21%

金融投資 79%

友邦2019年金融投資分佈

按公平值計入損益的股本證券 23%

按公平值計入損益的衍生金融工具 0%

按公平值計入損益的債務證券 15%

可供出售債券證券 62%

資料來源：友邦2019年年報

百萬美元	附註	於2019年 12月31日
資產		
無形資產	15	2,520
於聯營公司及合資公司的投資	16	615
物業、廠房及設備	17	2,865
投資物業	18	4,834
再保險資產	19	3,833
遞延承保及啟動成本	20	26,328
金融投資：	21,23	
貸款及存款		10,086
可供出售		
債務證券		138,852
按公平值計入損益		
債務證券		33,132
股本證券		50,322
衍生金融工具	22	971
		233,363
遞延稅項資產	12	23
當期可收回稅項		205
其他資產	24	5,605
現金及現金等價物	26	3,941
總資產		284,132

資料來源：友邦2019年年報

如果判斷股票市場會因疫情消散而上升的話，友邦也是一個可選擇的股票，加上疫情前友邦的股價長期徘徊在80港元以上，我認為在股價低於70港元的情況下，必定可以入市，所以我決定在2020年5月將三筆一樣的投資金額放在股票市場當中。

當時因為衡量到疫情的變化可能很大，始終難以判斷現在的COVID-19會否如SARS一樣在幾個月後消失。因為投資並不是賭博，如果在不確定性中投資的話，我個人會偏向保守一點，萬一疫情出現突破性的變化，令到第三第四波出現就麻煩了，所以我決定投資於正股。

投資日誌
2020年5月26日

買入友邦保險

買入#1299	購入15,000股@HK$69.80
	HK$1,050,745.12
買入#1299	購入16,000股@HK$62.15
	HK$997,957.57
買入#1299	購入16,000股@HK$64.55
	<u>HK$1,036,494.53</u>
總購入成本：	
	購入47,000股@HK$65.64
	HK$3,085,197.22

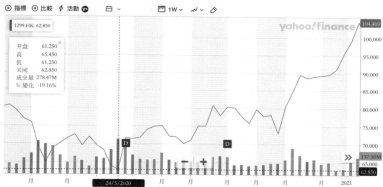

資料來源：雅虎財經

可能你會覺得所有的事情都會像預期一樣發展，然而，回看整個投資友邦的歷史，完全如我所料，從5月疫情到達零感染的時候，我分三筆同等資金買入友邦的股票，分別69.8、62.15和64.55港元，平均價為65.64港元。分段入市的原因是因為不知道股價在短期內會否再向下，而基本分析一般都是以預測長線盈利來決定買入和賣出，分段入市的好處在於，如果做了第一筆投資後，股價立即向上，那就不失先機；如果第一筆投入之後，股價繼續向下，那就再投入第二三筆資金，降低買入平均價，兩種情況都能令到投資者可以捕捉到更加好的買入價。

短短七個月後，友邦升到歷史新高104港元，升幅超過60%，而整個判斷也是正確，友邦的業務主要來自於亞洲地區，尤其在香港和中國，照計在疫情期間實施堂食禁制令、限聚令，這些都是影響業務的主要因素，但因為友邦的保險銷售，在過去一百年的歷史中，都是靠人與人之間的面對面銷售，加上封關的影響，友邦保險沒有了一大批內地客戶，因為銷售保險必須來港簽署保險申請，所以封

關之下，友邦保險必然損失了內地客戶來港投保的生意，但如前所述，即使友邦的新保單大跌了一半也好，對整體收益也做不到10%的損失，當然，我不是說新保單業務不重要，因為如果每年都有新增業務，之後便會有更多的續保保費，而更多的續保保費意味著更多的投資資產，令到友邦整體更穩健，不過當時我認為如果疫情消失的一刻，除了大市會向上之外，也可能會加快通關，從而令友邦收復內地收益。

友邦控股的收益模式

越多的保費收取，就會有越多的投資資產，產生的投資收益便越高

新增業務保費收益

越多的新增業務，往後的續保保費收益便越高

續保保費收益

投資收益

市場情緒：

有詳盡的分析，加上我多年的實戰經驗，亦了解買入的時間實屬低位，但遺憾地，這可能也是我其中一個比較差的投資，因為最後連息帶本金只賺了20萬港元，亦即是不到10%的回報。其實這正正就是市場情緒的威力，如果我們被市場情緒左右的話，便有很大機會會做錯決定。

由2020年6月第一個星期的股價走勢非常好，已一口氣升穿了70港元水平，更曾升穿到了75港元，但很可惜地，自6月初除淨後，股價便由高位連續幾日下跌，一日的波幅非常大，平均1%到3%不等，當時我每日早上第一件事就是打開手機的報價，看看友邦的股價走勢和變化，向上的時候，那天的心情當然心花怒放，但向下的

時候，尤其在急跌時，我的心情就像股價一樣跌落谷底。2020年6月15日開市時，其實市場也處於平靜的一天，但對我來說又是一個黑色星期一，友邦保險在沒有任何特別新聞事件下，再度跌穿了70港元，當時的我緊張到不得了，心在想著：「是不是疫情又來了？」，「是不是我的計算遺漏了什麼重大因素？」，「很快便會跌穿了買入價，趕緊放。」等等的負面情緒。

結果我在69.30港元，亦即差不多是那段期間最低位的時間，賣出我所有的股票。大家現在也明白，友邦在七個月後，便到達了100港元的水平，我想那個買家一定非常感謝我以半價出售了珍貴的股票。

可是，客觀分析我這一次買賣的決定，都證明了是個很反智的決定：

當時的思考　　：「是不是疫情又來了？」
現實情況　　　：「5、6月的時間有幾日是零新增。」

當時的思考　　：「是不是我的計算遺漏了什麼重大因素？」
現實情況　　　：「事實上我用了五年的財務報表作分析，做了多方面的考慮，加上一直有留意這隻股票的消息，所以已經有充分的準備。」

當時的思考　　：「很快便會跌穿了買入價，趕緊放。」
現實情況　　　：「只是市場的波幅，完全沒有新的關鍵信息和重大持續性風險發生。市場對於友邦的消息是升跌多少，這是基本分析中並不會聚焦在這些事上。」

賣出友邦的反思，就是心理質素，知道自己「在幹什麼」，反問「為什麼一開始有買賣的決定」，亦即買入的初心。我以差不多最低位的價格賣出價值連城的股票，我認為是給予我最重要的學習。

忠於自己的分析：

明明我就是一位基本分析的追隨者、鐵粉絲，真的沒有可能在做一個重要的決定時，竟然背叛了基本分析的原則，錯誤地把焦點放在股價的走勢和市場波幅，過去那麼多年我所累積的投資經驗都是由基本分析開始，也為我帶來了不少財富，但在關鍵的一刻，我竟然背棄了初衷，加入了技術分析的大家庭，這顯然是對自己的決定沒有信心。事實上信心是源於有沒有做足夠的準備，大家可以看到我之前的分析，其實真的是深思熟慮過後才下的決定，而我在做的財務報表研究是用上五年的財務數據而非上述舉例的一年數據，所以不要小看市場情緒的威力，它絕對可以摧毀你多年來的努力，也令我覺悟到情商才是一個人成功的關鍵，而不是智商。

錯誤地追逐每分每秒的股價：

之前跟大家分享過，市場就像一個患有精神病的病人，他可以沒有任何原因下非常開心或者非常悲觀，所以短期內無緣無故的大升或大跌不一定會影響到企業的盈利，既然每分每秒的股價在我的判斷上意義不大的話，基本分析者應該是把每日的精神放在每日發生的重大事件身上，因為判斷股票的買賣在於「關鍵信息」的改變，也可能是有重大的「一次性風險」發生，這些也不需要胡亂猜測。因為我主力買賣的都是大型藍籌股票，很多信息也非常流通，不需要通過內部信息便可得知，事實上流言蜚語的可信性更危險，因為信息的真確度是有待證實。

Securities ID 證券編號	Securities description 證券資料			
	Transaction date /Settlement date 交易日期 / 交收日期	Unit price 單位價格	Quantity 數量	Settlement amount 交收金額
LOCAL EQUITIES 01299	AIA 友邦保險控股有限公司 (SHS)			
	15JUN2020 17JUN2020 HKD 69.30000		47,000-	HKD 3,245,448.45
	Reference: SALHUS402133001 Type: SAL			

Charges and income summary 費用及收益摘要

Date 日期	Charges/income description 費用 / 收益說明		Charges amount 費用總額	Income amount 收益總額
LOCAL EQUITIES				
19JUN2020	CASH DIVIDEND	01299		
	AIA 友邦保險控股有限公司 (SHS)			
	OUR REFERENCE: CORHUS578449010			
	NOMINEE COMM.		HKD 219.25	
	PAID BENEFITS			HKD 43,851.00

我的投資帳戶：2020年6月

第二次的買賣不盡如人意，也覺得可以做得更好，連同第一次認股權證的回報，2020年的實際回報是491,791.39港元（287,688.39港元[第一次的回報]＋204,103港元[第二次的回報]）

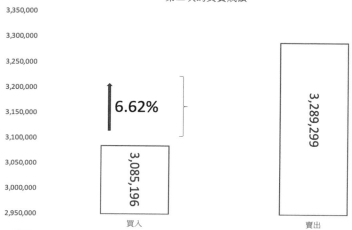

投資日誌：2020年6月15日，沽售所有的友邦
第二次的買賣成績

總回報：204,103港元（增長6.62%）

16
疫情中第三次買賣—匯豐控股

疫情來到2020年7月，我認為疫情已經到達尾聲，因為5、6月也有連續幾天零增長，所以大家都以為疫情會和沙士一樣在夏天消失得無影無蹤。也許是因為自身有點遺憾，因為友邦的失手始終是我一個心結，加上希望在疫情完結前可以再賺多一筆錢，心態開始急進，其實投資要贏錢，必須要有耐性，心浮氣躁、急功近利之下只會做錯決定。

由於深怕疫情就快完結，所以迫不及待地尋找另一隻適合的股票來投資，希望抓住還在低位的股票市場，通常在大災難過後，很多行業板塊都會出現嚴重被低估的情況，尤其是一些重災區的行業。我選股的宗旨，就是先看大環境，然後再到行業板塊，最後到個別股票。

在新冠疫情下，最受影響的行業莫過於航空業，可是有鑒於早前四月的波音危機，航空業能否捱得過整個疫情也是一個未知之數，波音已經是全球其中一間最大的飛機製造公司，當他們也會出現危機時，我有點擔心其他商業企業會否出現類似的危機，但情況有點不同，波音公司背靠美國，而美國可以量化寬鬆這類政策幫他們渡過難關，反觀香港不可以。

其實一間飛機製造公司，哪有這麼大的能力令到整個世界陷入經濟低迷的景象，政府的舉措是深怕大型企業倒閉，巨大的債務不能償還，導致骨牌效應，有機會拖垮銀行體系。所以我判斷重災區其實在銀行業，如果選擇其中一個銀行股票的話，我會選擇那些大到不能倒下的企業，而香港最大型的銀行，首選就是——匯豐控股。

匯豐控股，百年老業，是香港其中一間發鈔銀行，在疫情之中匯豐控股也是受到嚴重打擊的其中一間銀行，在疫情最嚴重的階段，即2020年3月中旬時，恆生指數在疫情前的最低位21,139點的，匯豐控股都是在40港元價位中徘徊，4月1日，英國政府有鑒於疫情非常嚴重，有機會觸發更嚴重的金融危機，勒令匯豐控股停止派息，更取消了2021年第四季已經宣布的派息行動，要知道匯豐控股的投資者，都是因為每年會有四次派息而投資於匯豐控股，所以匯豐控股的息率和派息頻密次數都成為了匯豐控股的關鍵信息，突然宣布停止派息，等於把匯豐控股的投資者趕走，因為派息就是匯豐控股升跌的核心價值，英國政府這個舉動宏觀來說是無可厚非的，但令到已經疲弱的企業，跌至5月份中旬的新低位。

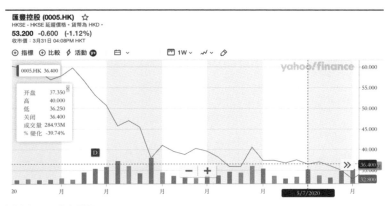

資料來源：雅虎財經

要判斷取消派息事件，我認為匯豐控股多年來穩定的派息策略，不會因為疫情而「持續地」改變，除非銀行的現金流出現了問題，否則怎可能把一直行之有效的派息政策永久性地改變，所以我認為這絕對是難得的機會，因為即使疫情有多嚴重也好，都會有過去的一天；而當疫情過去，或疫情中的經濟慢慢回穩時，亦可以令英國監管機構容許銀行重新恢復派息政策，因為最大的假設為疫情將會在

2020年的夏天慢慢消退，而我的策略就是由企業面對嚴重危機、估值嚴重被低估時買入，然後持有至危機慢慢消散，重回當初估值時，甚至以危機前更好的價錢賣出。

16.1　買入賣出的策略

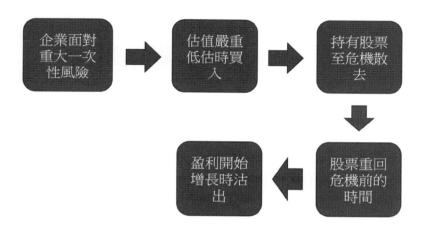

這次入市，我認為是疫情中最後上車的機會，所以雖然心急，但也希望能深思熟慮，做足準備功夫，令自己的心理質素更加強大，避免了重蹈覆轍上次友邦過早沽售的惡果。每次做好股票的分析，必然了解企業的生意來源，雖然是為人熟悉的企業，但都不能鬆懈，必須要了解年報上的財務報表，認真審視究竟財務報表中提及的所得利潤和我理解的銀行收益是否相同，一般而言，我會先從收益著手，了解企業的營運模式。

以「輪」擊石

16.2　收益分布

根據2019年匯豐控股公布的財務報表，一如所料，大部分的盈利收益來自於「淨利息收益」以及「銀行的費用收益淨額」，佔集團的主要盈利接近60%，其實淨利息收益就是指存戶存款在銀行，而銀行又把存戶的存款部分貸款到其他地方，例如按揭、私人貸款和不同的企業貸款等，從而賺取中間的利息差，大銀行最大的優勢在於容易吸納存款，因為利息的收益就是貸款出來所收取的利息收入減去給予存戶的利息支出。在今天的世代，大部分人存放資金在銀行，最主要的原因並非要收取利息，而是安全，因為把實體的現金放在家裏，或任何的地方，都會出現不同的風險，如遺失、盜竊或損耗的風險，加上在2019年時，人們已習慣了零息的時期，所以也不會有太多存戶對存款利息有太多的寄望，導致大銀行獲得的存款，基本上是非常便宜。銀行就像經營貿易生意一樣，存款就像他的貨物，給予存戶利息就像銀行的來貨成本，既然存款利息基本上為零，也意味著銀行賺取淨利息的成本也很低。

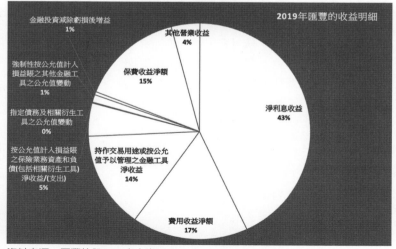

資料來源：匯豐控股2019年年報

很多時候我們以為按揭的利率非常低，更試過有幾年的按揭利率年息低於1%，但其實銀行所獲得的利息成本也非常低，是近乎零的成本。

	2019年 百萬美元	2018年 百萬美元	2017年 百萬美元
利息收益	54,695.00	49,609.00	28,176.00
利息支出	(24,233.00)	(19,120.00)	(12,819.00)
淨利息收益	30,462.00	30,489.00	15,357.00
毛利率	55.69%	61.46%	54.50%

資料來源：匯豐控股2019年年報

在毛利率上，2019年淨利息收益達到55.69%，跟傳統企業比較，利潤率一般較大，而且相當平穩，如之前的章節所述，毛利率越大，企業的盈利越高，而企業能承受的市場風險變化將會越來越大，所以這些企業一般能夠經得起市場的變化，才會多年來都屹立不倒，經歷超過百年的挑戰。

	2019年 百萬美元	2018年 百萬美元	2017年 百萬美元
費用收益	15,439.00	16,044.00	15,853.00
費用支出	(3,416.00)	(3,424.00)	(3,042.00)
費用收益淨額	12,023.00	12,620.00	12,811.00
毛利率	77.87%	78.66%	80.81%

資料來源：匯豐控股2019年年報

匯豐控股的另一個重點業務，銀行費用收益的毛利率就更加大，2019年的費用收益毛利率更加超過77%。銀行的利息和費用業務佔集團利潤60%，所以有任何市場消息關於這兩部分的都是匯豐控股的關鍵信息，是需要重點留意的版塊。

疫情出現後，企業面對的危機其實影響不到這些毛利率，因為當時的利息已經是零息率，減無可減，而且銀行的費用也不太會因為經濟的影響而有分別，主要是因為銀行的費用是關於一些消費習慣。當然，在疫情下，經濟會嚴重收縮，導致貸款的需求減少，經濟不景，買樓的人也會深思熟慮，按揭自然減少，企業擴張的速度也會減慢下來，甚至推遲到疫情後來推行，貸款少了，利息收入也會減少。

16.3 預期信貸的損失及
其他信貸減值準備變動

	2019年 **百萬美元**	**2019年** **百萬美元**
預期信貸損失及其他信貸減值準備變動	(2,756)	(1,767)

資料來源：匯豐控股2019年年報

一般的銀行企業，通常都需要留意財務報表中的預期貸款損失及其他信貸減值準備變動，我會特別留意這個支出，因為銀行會用多方面的財務模型來分析他們預測的未來經濟情況以及他們自身的客戶會否有信貸的損失，即是判斷他們未來的經營環境是好是壞，他們一般都會以保守的原則來估算這個預期貸款損失，保守原則即是如果客戶根本還沒有確會實破產，但由於客戶的信貸改變或已拖欠還款而估計他們可能不能歸還，但這事情實際上是還未發生的。

所以這個項目的支出，是由管理層作估算而在實際上還沒有發生的，所以可以是估多了，也可以是估少了，而這是國際的會計原則，所以我個人不會作出任何評論，而且我認為就某個層面而言，這也是一個公平的衡量法則。然而在疫情的影響下，把這個預期信貸的損失估算大一點絕對是正常的做法，因為社會明顯地發生了經濟危機，所以保守一點，撥備多一點防止一大筆的撇帳發生也是正常處理，所以在2020年我認為一定會出現大額的信貸損失預算，令盈利減少。

2019年審議的重大會計判斷包括：

主要範疇	採取之行動
商譽	集團監察委員會省覽管理層商譽減值測試方法之報告，並對方法及所使用的模型提出質詢。集團監察委員會亦就管理層對計算所使用數據之重大判斷提出質詢，這些數據包括長期增長率、折現系數及有關判斷的敏感度等。另一項重大判斷是根據會計準則合規及載於年度營運計劃的假設之合理性，在每一個創現單位的商譽測試中決定是否包括若干現金流。集團監察委員會亦審議所得結果之合理性，並與滙豐的年度營運計劃及策略目標比較以觀察是否合理。在創現單位的商譽出現減值及隨之撇銷，以及經敏感度測試後得出創現單位的商譽並無減值及繼續納入資產負債表的情況下，集團監察委員會將審議有關結果。
預期信貸損失減值	集團監察委員會審議個人及批發貸款的貸款減值準備。具體判斷包括英國經濟的不確定性、香港政治局勢的不確定性及中美貿易緊張局勢升溫風險對計量預期信貸損失減值的影響。集團監察委員會亦審議年終賬目中與預期信貸損失有關的披露資料。
交通銀行股份有限公司(「交通銀行」)之減值測試	年內，集團監察委員會審議了滙豐於交通銀行的投資之定期減值檢討。集團監察委員會的檢討事項包括減值檢討結果對預計日後現金流的估算及假設的敏感度、監管資本假設以及模型對長期假設(包括折現率的持續合適性)的敏感度。
為法律訴訟及監管事宜提撥準備之恰當性	集團監察委員會省覽管理層之報告，審議有關法律訴訟及監管事宜的準備確認及撥備金額，以及就此存在的或有負債。已處理的特定範疇包括有關以下各項所產生之準備及或有負債的會計判斷：(a) 多個稅務行政機關、監管機構及執法機構就滙豐的瑞士私人銀行業務進行調查；及 (b) 金融業操守監管局就滙豐銀行及 HSBC UK Bank 遵守英國反洗錢規例以及金融犯罪系統和監控規定的情況進行調查。
界定福利退休金責任的估值	界定福利退休金責任估值所使用的數據及假設涉及高度判斷，當中敏感度最高的包括折現率、退休金支付及遞延退休金、通脹率及死亡率變化。不同假設可大幅改變界定福利責任以及於損益賬或其他全面收益項內確認的金額。集團監察委員會已審議主要假設變化對英國滙豐銀行(英國)退休金計劃中 HSBC UK Bank plc 部分的影響。該計劃乃滙豐集團的主計劃。
取代基準利率	集團監察委員會審議截至2019年12月31日就對沖會計關係取代基準利率，以及管理層決定提早採用 IASB 於年內公布的會計準則修訂的會計影響。這些修訂導致產生有關應用指定對沖會計規定的過渡性例外情況。在該等情況下，將假設銀行同業拆息繼續用作對沖會計用途，直至過渡的不確定因素得到解決為止。不確定因素於2019年12月31日存在，因此，過渡性例外情況適用於集團所有受過渡影響的對沖會計關係。集團監察委員會亦審議未來過渡對金融工具的無風險利率新指標所產生的預期會計影響，並指出會計準則將有關乎處理過渡及不確定因素的進一步修訂。
季度及年度報告	集團監察委員會審議有關季度及年度報告的主要判斷。集團監察委員會審閱向外界分析員發布之草擬簡報，以及滙豐策略行動內的主要財務衡量指標。
金融工具估值	集團監察委員會審議釐定金融工具公允值涉及的主要估值指標及判斷。集團監察委員會審議估值監控架構、估值指標、年終重大判斷及新浮現的估值問題。
稅項相關判斷	集團監察委員會審議集團遞延稅項資產(尤其在美國和英國的遞延稅項資產)的可收回程度。集團監察委員會亦審議管理層對於適當稅務處理尚不確定、有待解釋或曾遭稅務當局質詢的稅務狀況作出的判斷。
與英國客戶有關的補救措施	集團監察委員會就集團因在英國不當銷售還款保障保單及該等保單在若干條件下賺取之佣金而作出的賠償，審議了所提撥的賠償準備，包括管理層對截至2019年8月的申索時限產生的影響作出的判斷。此外，集團監察委員會亦監控有關營運流程補救措施及相關客戶賠償的進展。
經調整利潤衡量指標	於整個年度，集團監察委員會審議管理層對經調整利潤採用的非公認會計原則衡量指標。

資料來源：匯豐控股2019年年報

不過，如果經營環境改善，最顯淺的情況就是疫情完結時，一般企業都會把預期信貸損失的估算降低，做成撥備回撥的情況。

今次，我先編好匯豐控股的「預設情況」，我所謂的預設情況，就是我判斷的幾件重大事件發生，然後從現實中不斷修改當中的假設來作出買入或賣出的決定。

16.4　預設情況

嚴重低估股值的因素時序：

投資評估前已出現的事件：

2020年2月：疫情嚴重打擊匯豐控股的貸款客戶生意，集團甚至為了防止大量的信貸損失，需要作出大量的撥備準備。

2020年4月：英國央行英倫銀行勒令匯豐控股取消2019年已公布的第四季股息分紅，並要求停止派息及回購。

2020年7月：股價由疫情前的60港元，跌至疫情內恆生指數最低點21,139點時，即3月中旬的47港元。宣布取消派息之後，股價下跌到5月尾的35港元水平。

16.5　預設的發展因素

疫情因素

2020年夏天新冠肺炎疫情將會完結，屆時將會一切復常，全面通關，大市將由衰轉盛，各個股票版塊回復至疫情前的水平，即恆生指數28,000點左右（2020年1月到2月初的水平），如果以大市波動來衡量股價的升跌，疫情令到匯豐控股的股價下跌13港元（由60港元跌到47港元）。

信貸減值回撥

疫情完結後，銀行應該由過度悲觀的信貸撥備減值轉向稍為樂觀的態度，之前因疫情作出的過度撥備因而回撥，令到企業盈利得以改善。

恢復派息和回購

由於判斷疫情將會完結，英國央行將不會再對主要銀行施加派息和回購禁令，派息是匯豐控股的關鍵信息，而回購自身的股票會令市場上的股票量減少，減低了股票的流通量，企業的價值不變，與企業的流通股票減少了，股價應該會向上。

總結以上因素，我認為匯豐的股價在40港元以下的話是值得吸納，因為不論是疫情因素、信貸減值撥備或者派息和回購的禁令都只是一次性風險，一間大型企業很難得會同時面對多方面的一次性風險，從而令到股值嚴重低估，如果以疫情前60港元為目標價，現價40港元或以下來計算也有50%的上升空間，是一個難能可貴的機遇，加上匯豐控股是一個環球的大型企業，我不相信經歷過超

過百年的風風雨雨，怎會因為一個小小的疫情而倒下，所以我決定趕上疫情的尾班車，買入匯豐控股。

投資日誌

2020年7月6日

買入匯豐控股

買入#0005	購入52,000股@HK$38.50
	HK$2,009,161.15
買入#0005	購入78,000股@HK$39.60
	<u>HK$3,099,848.84</u>
總購入成本：	
	購入130,000股@HK$39.30
	HK$5,109,009.99

Transaction summary 交易摘要

Securities ID 證券編號	Securities description 證券資料							
	Transaction date /Settlement date 交易日期 / 交收日期		Unit price 單位價格		Quantity 數量		Settlement amount 交收金額	
LOCAL EQUITIES 00005	HSBC HDGS(USD0.50) HK O'SEAS 匯豐控股有限公司 (SHS)							
	06JUL2020	08JUL2020	HKD	38.50000	52,000		HKD	2,009,161.15
	Reference: PURMSL768596001		Type: PUR					
	07JUL2020	09JUL2020	HKD	39.60000	78,000		HKD	3,099,848.84
	Reference: PURMSL785205001		Type: PUR					

我的投資記錄

我在7月份買入時，匯豐控股股價已在低位橫行了一段時間，我認為到7月初時就會有一個上升的趨勢，所以我決定在匯豐控股股價上升到40港元時買入，但好景不常，就在我買入後不久，疫情確診人數突然上升，在7月中旬時更攀升至超過100宗的新增案例，掀起了第三波疫情的序幕，大型傳播群組相繼出現——慶回歸群組、富臨生日宴群組、葵青貨櫃碼頭群組、大圍交通城群組，原本我判斷疫情將會完結，但突然迎來了一記回馬槍，殺我一個措手不

及，第二至第三波疫情下，香港政府立即宣布全面禁止堂食，令經濟陷入了史無前例的谷底。

	2019	2018	2017	2016	2015		2019	2018	2017	2016
Net Interest Income	30,462	30,489	28,176	29,813	32,531		-0.09%	8.21%	-5.49%	-8.36%
Net Fee Income	12,023	12,620	12,811	12,777	14,705		-4.73%	-1.49%	0.27%	-13.11%
Net income from Financial instruments held for trading or managed on a fair value basis	10,231	9,531	8,426	7,521	8,717		7.34%	13.11%	12.03%	-13.72%
Net income / (expense) from assets and liabilities of insurance business including related derivatives, measured at fair value through profit or loss	3,478	(1,488)	2,836	1,262	565		333.74%	-152.47%	124.72%	123.36%
Change in fair value of designated debt and related derivatives	90	(97)	155	(1,997)	973		-192.78%	-162.58%	-107.76%	-305.24%
Change in fair value of other financial instruments mandatorily measured at fair value through profit or loss	812	695	n/a	n/a			16.83%	#VALUE!	#VALUE!	#VALUE!
Gains less losses from financial investments	335	218	1,150	1,385	2,068		53.67%	-81.04%	-16.97%	-33.03%
Net insurance premium income	10,636	10,659	9,779	9,951	10,355		-0.22%	9.00%	-1.73%	-3.90%
Other operating income	2,957	960	443	(876)	1,178		208.02%	116.70%	-150.57%	-174.36%
Total Operating income	71,024	63,587	63,776	59,836	71,092		11.70%	-0.30%	6.58%	-15.83%
Net insurance claims and benefits paid and movement in liabilities to policyholders	(14,926)	(9,807)	(12,331)	(11,870)	(11,292)		52.20%	-20.47%	3.88%	5.12%
Net operating income before change in expected credit losses and other credit impairment charges / loan impairment charges and other credit risk provisions	56,098	53,780	51,445	47,966	59,800		4.31%	4.54%	7.25%	-19.79%
Change in expected credit losses and other credit impairment charges	(2,756)	(1,767)	n/a	n/a	n/a		55.97%	#VALUE!	#VALUE!	#VALUE!
Loan impairment charges and other credit risk provisions	n/a	N/A	(1,769)	(3,400)	(3,721)					
Net operating income	53,342	52,013	49,676	44,566	56,079		2.56%	4.70%	11.47%	-20.53%
Total Operating expense Excluding goodwill impairment	(35,000)	(34,659)	(34,884)	(36,568)	(39,768)		0.98%	-0.64%	-4.61%	-8.05%
Goodwill impairment	(7,349)	0	0	(3,240)	0		#DIV/0!	#DIV/0!	-100.00%	#DIV/0!
Operating Profit	10,993	17,354	14,792	4,758	16,311		-36.65%	17.32%	210.89%	-70.83%
Share of profit in associates and joint ventures	2,354	2,536	2,375	2,354	2,556		-7.18%	6.78%	0.89%	-7.90%
Profit before tax	13,347	19,890	17,167	7,112	18,867		-32.90%	15.86%	141.38%	-62.30%
Tax Expense	(4,639)	(4,865)	(5,288)	(3,666)	(3,771)		-4.65%	-8.00%	44.24%	-2.78%
Profit for the year	8,708	15,025	11,879	3,446	15,096		-42.04%	26.48%	244.72%	-77.17%

16,057

	2019	2018	2017	2016	2015				
Basic EPS	0.30	0.63	0.48	0.07	0.65	0.553180983	4.314811667	86.20623335	
Diluted EPS	0.30	0.63	0.48	0.07	0.64	2.34	8.575113551		
Dividends per ordinary share	0.51	0.51	0.51	0.51	0.50	8.29			
						165.8562333			
	%				%				
Dividend payout ratio	172.2	81	106.3	728.6	76.5	0.921940587			
Post-tax return on average total assets	0.30	0.50	0.50	0.10	0.60				
Return on average ordinary shareholders' Equity	3.60	7.70	5.90	0.40	7.20	0.044254479		135135.1351	
Return on average tangible equity	8.40	8.60	6.80	2.60	8.10			22,413,004.51	
Effective tax rate	34.80	24.50	30.80	51.50	19.99	9.148717019			

我的分析手稿

當然，在疫情開始攀升之時，我認為市場已經完全消化了疫情的負面影響，畢竟疫情發生到7月時已經過了五個月，但原來市場的反應沒有我想像中那麼簡單，第三波疫情把匯豐控股的股價推跌。

禍不單行的是，在7月底時，匯豐控股突然捲入了中美貿易戰的中心，孟晚舟事件讓匯豐控股成為了中美貿易戰的磨心，一直引以為傲、全球性的地方銀行（The World's Local Bank）本來就是匯豐控股重要的企業價值，企業能運用匯豐控股的環球網絡從事不同國際的貿易。可惜在現在的國際形勢下，成熟的環球網絡和全球化企業成為了匯豐控股的絆腳石，在中美鬥爭的格局下，匯豐控股可能要在兩者之中選擇其中一個領域以集中業務，而我買入匯豐控股的時間點，正正處於匯豐控股需要選擇站邊之時，在兩難局面下無法尋求出路，股票價格難免會大跌。

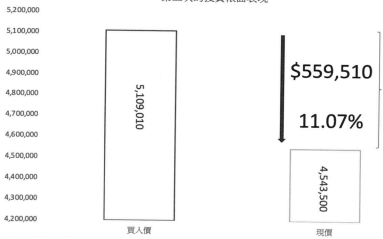

投資日誌：2020年7月31日，投資匯豐控股的帳面賺蝕情況
第三次的投資帳面表現

真的想不到在一個月的時間內，匯豐控股由平均買入價39.30港元，下跌至月底34.95港元，把我辛辛苦苦創造出來的回報一次過歸零。我終於明白歸零的痛苦，但我認為市場越是波動，就越需要冷靜判斷形勢。汲取了之前投資友邦的經驗，我明白到心理質素的重要性，當然，美國的舉動絕對是匯豐控股的關鍵信息。

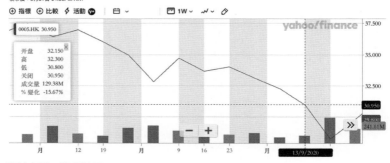

資料來源：雅虎財經

由我買入匯豐控股的短短兩個月內，在中美貿易戰和香港第三波疫情反彈的夾擊下，匯豐控股股價持續下跌，老實說，中美貿易戰絕對是在評估股價過後的意料之外事件，同時是一個關鍵的信息，但我認為在疫情之下，中美貿易戰會否持續開打確實是未知之數。但有一個不爭的事實，我相信匯豐控股的管理層能作出一個有效的決定，因為在中美貿易戰中，只要選擇在哪一個舞台上發揮便可以解決他現在的困境，股價會下跌因匯豐控股沒有表態，但我認為他們總會有表態的一天，而且會在極短期內，所以我沒有沽售到我的匯豐控股股票，反而做了一個對沖的決定。

做我最擅長的投資，購入認沽證。

16.6　對沖

我在匯豐控股股價35港元時（由我的買入價跌到35港元時，帳面虧損了大概10%），看到股價一直在35港元上下橫行了兩星期，然後突然向下，不過由於股價實在太疲弱，導致到任何風吹草動也會令到股票向下，所以在8月底的時間，我分別尋找到兩隻不同到期日和行使價的認沽證，來對沖匯豐控股的短期風險。

投資日誌
2020年8月28日

買入匯豐控股的認沽證

買入#21963　　　　　購入　　1,538,000股　　　　換股比率：5
行使價：$26　　　　到期日：2021年2月8日
匯豐2月認沽證@HK$0.130　　　　　　　　　HK$200,455.25

買入#25937　　　　　購入　　1,244,000股　　　　換股比率：10
行使價：$30　　　　到期日：2020年11月30日
匯豐2月認沽證@HK$0.082　　　　　　　　　HK$102,270.87
　　　　　　　　　　　總購入成本　　　　　　　HK$302,726.12

選擇兩隻不同到期日的價外認沽證，當中只有一個考慮點，就是價格便宜，始終對沖絕對需要成本，在考慮到疫情的變化和中美貿易戰的夾擊下，股票價格只會大上大落，做適當的對沖策略絕對是明智之舉，在對沖策略下，我希望能把虧損控制在100萬港元以內，所以經計算之下，選擇買入兩隻的認沽證。

如果大市持續向上：
認沽證就是對沖成本，即大約30萬港元；同時間正股開始減低損失，甚至能賺。

如果大市持續向下：
認沽證會持續向上，彌補了正股的損失，正股會持續虧損。

考慮到如果股價向下的話，正股會持續虧損，所以在比例上認沽證能兌換到的正股比例需要比較大，至於比例的多少完全取決於個人投資目標和心態。像我這個案例，認沽證能兌換正股的比例是：

認沽證	購入股數	換股比率	兌換正股
#21963	1,538,000股	5	307,600
#25937	1,244,000股	10	124,400

總數：432,000股

當時我持有匯豐控股正股13萬股，在30萬港元的對沖下，我實際上持有了正股3倍有多的股票。

16.7　對沖策略中的打和點計算

當認沽證進入價內後，每下跌1港元的影響是多少？

#21963：在價內下跌1港元時，由於換股比率是5張認沽證換取1股正股的比例，所以在價內時，下跌1港元等於認沽證上升0.25港元（1／5），由於買入價為0.130港元，所以正股每下跌1港元，即認沽證上升0.250港元或上升1.92倍，而我用了200,455港元買入，所以每當正股下跌1港元，我的實際回報為384,873.60港元（$200,455 x 1.92）。

#25937：在價內下跌1港元時，由於換股比率是10張認沽證換取1股正股的比例，所以在價內時，下跌1港元等於認沽證上升0.1港元（1／10），由於買入價為0.088港元，所以正股每下跌1港元，即認沽證上升0.1港元或上升1.14倍，而我用了102,270港元買入，所以每當正股下跌1港元，我的實際回報為116,587.80港元（$102,270 x 1.14）。

相反，我持有13萬股正股，下跌1港元的實際虧損為13萬港元。

所以在認沽證的對沖策略下，每下跌1港元的總回報為：

	#21963	HK$384,873.60
加	#25937	HK$116,587.80
減	#0005正股	HK$130,000.00
	總回報	HK$371,461.40

在對沖時必須要計算打和點，整個策略才算有效，亦會知道在什麼時候要做什麼決定，《孫子兵法》有云：「知彼知己，百戰百

勝」，要計算打和點其實不困難，只要分別計算在股票上升和下跌時的情況便可。

當然在整個策略當中，股價需要上升至我的買入價，即39.30港元後才開始有盈利，同時，由於股票上升意味著認沽證將會全數虧損，即30萬港元，所以打和點為：

上升時：
正股買入價：   HK\$39.30
認沽證的虧損（HK\$302,726.12 / 130,000）   HK\$2.33

上升情景的打和點：   HK\$41.63

下跌時：

由於兩隻認沽證涉及到不同到期日和行使價，加上在未到行使價之前，認沽證剩下時間值的概念，亦即簡單化了的現實情況，讓我以其中一隻認沽證#25937作討論：

認沽證的「價內」計算：

$$\$0$$
（當正股價比行使價高，即價外）

$$\frac{行使價 - 「現在」正股價（相關資產）}{換股比率} + 時間值$$

由於#25937在匯豐控股股價35港元時仍是價外，那麼買入時的0.082港元／股就全是時間值了。當股價跌到價內時，即匯豐控股跌到行使價30港元以下時，就按以上的算式來計算，例如，當正股價格為29港元時，#25937的合理價格就是＝（ 30[行使價]−29[「現在」正股價] ）／ 10[換股比率]＋$0.082[時間值]=0.182港元[認沽證]

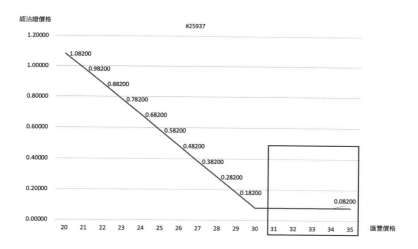

在匯豐控股正股的不同價格時，認沽證的理論性價格。

16.8 價外盈利/虧損

當正股在30港元以下時，價格應該跟現在沒有太大區別，相差的只是買賣差價而已，但在正股35港元（買入價）到30港元（行使價）時，就會有較大的差別，認沽證在正股價格35港元和34港元時不可能處於同一個價位，即0.082港元，而且當正股到達行使價30港元時和29港元時，那個升幅也是太不合理，由0.082港元一躍升到0.182港元，足足上升了121.95%。

所以在計算價外的升跌時，我會先做一個假設：
正股價由35港元到29港元時，把合理認沽證的升幅平均地分配在價外價格中。

由買入價到行使價，正股有6港元的距離（35-29），而由行使價每跌1港元認沽價就會上升了0.1港元，那麼我就把這突然的變動分配在35港元到29港元每1港元的跌幅中，即35港元到29港元的正股價，認沽證假設都會上升0.0167港元（0.1港元[行使價後每跌1港元的升幅] / 6港元[由買入價到行使價再跌1港元的正股距離]），我稱這個0.0167港元為「價外盈利」，反之，如果在買入價每升1港元，對認沽證來說就理應下跌了0.0167港元，我會稱為「價外虧損」，例如正股升到36港元時，認沽證的理論性價格應該為0.0653港元（0.082港元[認沽證在正股價格35港元時]−0.0167港元[價外虧損]）。

認沽證的「價外」計算：

當加上了價外盈利或虧損的時間後，現在便可設計出一個對沖策略，應對正股股價的不同變化，從而計算出正股價的最大虧損、下跌時的打和點，上升時的打和點等。

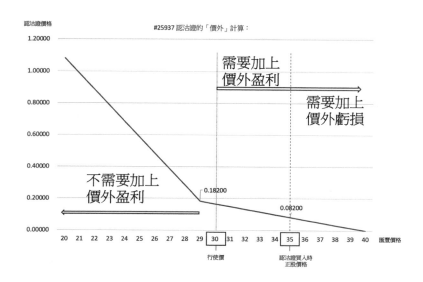

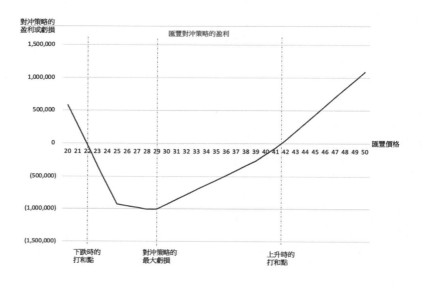

判斷行使對沖策略

雖然22港元和41.63港元的相差非常大，但我最終也使用了這個策略。可能你會覺得很奇怪，用30萬港元來買一個在短期內最大虧損的保險，即100萬港元，原因有二：

風險承受：

這次的投資本金是500萬港元，虧損500萬港元的話，已經足夠支付一層1,000萬港元物業的首期，也可以做很多的投資，但相對來說，100萬港元在現今的香港來說未必有太多選擇，所以100萬港元，我可以輸，但如果輸了500萬港元，就會影響我日後東山再起的部署。

提升自己的持貨能力：

對一隻疲弱且強弩之末的股票，會有很多疑幻似真的消息，當時有傳言說匯豐控股需要供股，像2009年一樣，有些人說匯豐控股將會倒閉，因為自英國脫歐之後，我們無法估計會有什麼後遺症，買入認沽證，在股價下跌的某程度上我還有其中一個資產是在升值的。

Transaction summary 交易摘要

Securities ID 證券編號	Securities description 證券資料			
	Transaction date /Settlement date 交易日期 / 交收日期	Unit price 單位價格	Quantity 數量	Settlement amount 交收金額
WARRANTS 21963	SG-HSBC EP2102A (CASH)　匯豐法興一二沽A　(WTS)			
	28AUG2020　　TBC　　HKD　　0.13000		1,538,000	HKD　　200,455.25
	Reference: PURHUS332190001　　Type: PUR			
25937	SG-HSBC EP2011A (CASH)　法興匯豐控股2020年11月認沽證A　(WTS)			
	28AUG2020　　TBC　　HKD　　0.08200		1,244,000	HKD　　102,270.87
	Reference: PURHUS331964001　　Type: PUR			

我的投資帳戶：2020年8月

由於市場在當時來說是極度波動，所以我認為匯豐控股要麼就會大升，要麼就會大跌。在匯豐控股價格大約35港元時，我決定加上30萬港元認沽證。說實話，如果沒有正股的投資，對我來說，這個比疫情中任何價位還要低的時間，根本不可能再在股價35港元時看跌。

2020年9月21日，就在市場一致認為匯豐控股再沒有無利淡消息時，有傳言中國將匯豐列入「不可靠實體清單」，股價再度急跌，一直下瀉至歷史新低，突破了28港元，比2009年的世紀供股價還要低，匯豐控股竟然成為了中美角力的風眼，市場再傳言匯豐控股將會再度供股，人心惶惶。由於我在8月底時已買入了認沽證，所以我並沒有像市場氣氛那樣恐慌。

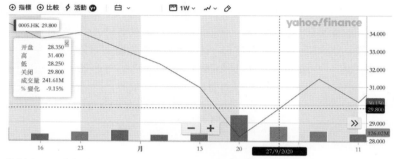

資料來源：雅虎財經，匯豐控股2020年9月的股價走勢

2020年9月23日，我將已經嚴重虧損的正股先行離場，因為才剛剛傳出中國有機會把匯豐控股列入「不可靠實體清單」，而在美國和中國的角力下，就像阿媽和仔女吵架、外母和老婆不和一般，兩面不是人，這只會把匯豐控股股價推至谷底，所以我把匯豐控股的正股全數沽出，留下認沽證來繼續把持著上下跌的風浪。

Securities ID 證券編號	Securities description 證券資料			
	Transaction date /Settlement date 交易日期 / 收市日期	Unit price 單位價格	Quantity 數量	Settlement amount 交收金額
LOCAL EQUITIES 00005	HSBC HDGS(USD0.50) HK O'SEAS 滙豐控股有限公司 (SHS)			
	21SEP2020　23SEP2020	HKD　30.25000	130,000-	HKD　3,918,432.94
	Reference: SALMSL387403001	Type: SAL		

Transaction summary 交易摘要

我的投資帳戶：2020年9月

平安保險：

峰迴路轉，參考《老子》的中心思想，「物極必反，否極泰來」，想不到平安保險竟然斥資3億港元，大舉購入當時股價28港元的匯豐控股股票，超過黑石集團（BlackRock）持股的7.14%，成為了單一的大股東，而我判斷匯豐控股已在中美角力中走出了最黑暗

的時期，股價應該會向上走，所以在平安出手後一星期，即2020年9月28日，我把手上的認沽證賣出，開始布局將正股變成認股權證。

Transaction summary 交易撮要

Securities ID 證券編號	Securities description 證券資料			
	Transaction date /Settlement date 交易日期 / 交收日期	Unit price 單位價格	Quantity 數量	Settlement amount 交收金額
WARRANTS 21963	SG-HSBC EP2102A (CASH) 匯豐法興一二沽A (WTS)			
	28AUG2020　01SEP2020　HKD	0.13000	1,538,000	HKD　200,455.25
	Reference: PURHUS332190001　Type: PUR			
	28SEP2020　30SEP2020　HKD	0.26500	1,538,000-	HKD　406,519.70
	Reference: SALHUS458532001　Type: SAL			
25937	SG-HSBC EP2011A (CASH) 法興匯豐控股2020年11月認沽證A (WTS)			
	28AUG2020　01SEP2020　HKD	0.08200	1,244,000	HKD　102,270.87
	Reference: PURHUS331964001　Type: PUR			
	28SEP2020　30SEP2020　HKD	0.22800	1,244,000-	HKD　282,901.08
	Reference: SALHUS458598001　Type: SAL			

我的投資帳戶：2020年9月

投資日誌：2020年9月28日，投資匯豐控股的對沖策略情況
第三次的投資帳面表現

16.9 最壞的時間已經過去

經歷了如此巨大的風暴，平安保險成為了匯豐控股最大的單一大股東，我認為匯豐控股最黑暗的時期已經過去，而且經歷了九個多月的疫情，大家也在適應了新生活：在家工作、商務會議和活動改成網上活動、減少外出下多陪伴家人，在疫情消息開始慢慢消散時，我認為匯豐控股已經沒有再壞的消息了，適逢2020年10月將公布第三季業績，我認為市場過分憂慮匯豐控股的前景，主要原因是以下幾種：

1：利息差，已是最差的情況

匯豐控股主要收入來源是利息差，佔集團盈利43%，但經歷疫情下，現在的利息已經低無可低，是零息，所以我認為不會大跌，而且只會有所改善，況且貸款多數為長期性質，是一個平穩的收入，即使現在經濟環境不佳，也只是會影響到新的貸款，加上貸款的新業務向下，可能只靠存戶現時的存款已經足夠放貸，而在2020年，存款利息算得上是零，據2020年中期業績數據，淨利息收入由2,775億美元，跌至2,300億美元，跌幅為17.12%，但與此同時利息支出也相應下跌，由1,251億美元，下跌到849.1億美元，跌幅為32.12%，當利息支出跌幅比利息收入跌幅為高，所以淨利息的收益只是跌了4.8%，其實並不如當時很多大行所述的匯豐利息差「將會受壓」，反而我更欣賞匯豐控股管理層的管理主營業務的應變，在疫情中，主要收益只是下跌了4.8%。

2：收費服務

根據匯豐控股的年報顯示，佔集團收益17%的服務收費主要是一些固定的收益，疫情前的銀行服務，已經是一個穩定的價格，即使在疫情當中，銀行服務也是比較穩定的，因此相信沒有理由在疫情

中，因為減少外出而減少運用轉賬、信用卡等日常活動，所以收費活動也比較平穩，在2020年的財務報表中，收費收益也只是下跌了3.23%，由612.4億美元微跌至592.6億美元。

綜合收益表

	附註 *	截至下列日期止半年		
		2020年 6月30日 百萬美元	2019年 6月30日 百萬美元	2019年 12月31日 百萬美元
淨利息收益		14,509	15,240	15,222
－ 利息收益		23,000	27,750	26,945
－ 利息支出		(8,491)	(12,510)	(11,723)
費用收益淨額	2	5,926	6,124	5,899
－ 費用收益		7,480	7,804	7,635
－ 費用支出		(1,554)	(1,680)	(1,736)

資料來源：2020年匯豐控股中期年報

3：預期信貸損失及其他信貸減值準備變動

如前所述，預期信貸的損失是由於管理層保守原則的判斷，並非實際開支，只是一個估算的數字，而2020年的業績上，這筆估算開支是685.8億美元，而這筆估算開支，正正就是各大新聞標題上的「匯豐中期盈利大跌68%」，利潤由993.7億美元跌至312.5億美元，兩年利潤相差681.2億美元，所以只要在疫情放緩時，「預期」沒有那麼壞的話，就不用撥備那麼大筆資金，例如在2019年和2018年的撥備分別只有114億美元和161.6億美元，別忘記當時正值中美貿易戰打得火熱的階段，經濟也不是很好，到2020年中期的撥備是2019年的6倍，我判斷往後這個撥備將會回落到100億多美元的水平，所以股價理應回到疫情前，即60港元的水平。

附註 *	截至下列日期止半年		
	2020年6月30日 百萬美元	2019年6月30日 百萬美元	2019年12月31日 百萬美元
營業收益總額	31,147	38,032	32,992
已支付保險賠償和利益及投保人負債變動之淨額	(4,402)	(8,660)	(6,266)
未扣除預期信貸損失及其他信貸減值準備變動之營業收益淨額	26,745	29,372	26,726
預期信貸損失及其他信貸減值準備變動	(6,858)	(1,140)	(1,616)
營業收益淨額	19,887	28,232	25,110
僱員薪酬及福利	(8,514)	(9,255)	(8,747)
一般及行政開支	(4,918)	(6,372)	(7,456)
物業、機器及設備以及使用權資產折舊與減值	(1,209)	(1,010)	(1,090)
無形資產攤銷及減值	(1,845)	(512)	(558)
商譽減值	(41)	—	(7,349)
營業支出總額	(16,527)	(17,149)	(25,200)
營業利潤／（虧損）	3,360	11,083	(90)
應佔聯營及合資公司利潤	958	1,324	1,030
除稅前利潤	4,318	12,407	940
稅項支出	(1,193)	(2,470)	(2,169)
本期利潤／（虧損）	3,125	9,937	(1,229)

資料來源：2020年匯豐控股中期年報

所以，我判斷最差的中期業績已經發生了，第三季的業績不可能會更差，雖然中間曾發生了小插曲——被捲入中美鬥爭的漩渦，但這個鬥爭並沒有出現什麼的後果，例如大額的罰款或制裁，只屬虛驚一場，當平安保險成為了匯豐控股的單一大股東，正正是一個時機。

除了匯豐控股經歷了這個大型事件，我也跟著匯豐控股走入了這一年的投資谷底，即使做好充足的準備，但也不能保證這次的投資是完全沒有風險的，因為之前也沒想過匯豐控股竟然會捲入中美貿易戰的漩渦，令股價大跌，造成帳面上重大的虧損，所以今次我都希望能花點心思，在第三季業績公告之前買入之餘，也花一點成本做對沖的風險管理。

我堅持再買入，而且換上認股權證，是因為投資最重要的就是要能夠把握到經濟的轉角。

投資日誌

2020年10月

買入匯豐控股的認購證

買入#13503	購入	40,000股	換股比率：50

行使價：$36.41　　　　到期日：2022年12月21日

匯豐22年12月認購證@HK$0.053　　　　　　HK$2,220.17

買入#13503	購入	1,740,000股	換股比率：50

行使價：$36.41　　　　到期日：2022年12月21日

匯豐22年12月認購證@HK$0.056　　　　　　HK$97,691.10

買入#13503	購入	1,780,000股	換股比率：50

行使價：$36.41　　　　到期日：2022年12月21日

匯豐22年12月認購證@HK$0.056　　　　　　HK$99,936.10

買入#13503	購入	1,480,000股	換股比率：50

行使價：$36.41 到期日：2022年12月21日

匯豐22年12月認購證@HK$0.068　　　　　　HK$100,899.35

總購入成本　　　　HK$300,746.72

投資日誌

2020年10月

買入匯豐控股的認沽證

買入#28058	購入 100,000股	換股比率：10
行使價：$26.48	到期日：2021年4月29日	
匯豐21年4月認沽證@HK$0.160		HK$16,101.23

買入#28058	購入 540,000股	換股比率：10
行使價：$26.48	到期日：2021年4月29日	
匯豐21年4月認沽證@HK$0.155		HK$83,915.70

買入#28058	購入 660,000股	換股比率：10
行使價：$26.48	到期日：2021年4月29日	
匯豐21年4月認沽證@HK$0.151		HK$99,916.82

買入#28058	購入 1,538,000股	換股比率：10
行使價：$26.48	到期日：2021年4月29日	
匯豐21年4月認沽證@HK$0.178		HK$100,650.71

總購入成本　　HK$302,726.12

不同時段買入相關的認購及認沽證

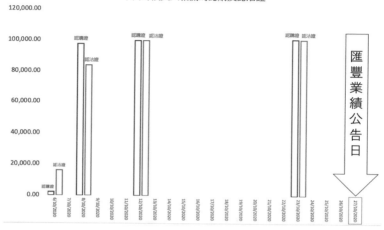

16.10　經濟的轉角

以我分析，匯豐控股在2020年第三季將會有很好的表現，所以我認為第三季將會是匯豐控股的盈利轉角位，所以趕緊在2020年10月27日業績公告前買入，當然我希望能在公告前買入一些，公告後再買入一些，那麼不論業績如何，我都可以找到合適的方向。業績差的話，沽售所有認購權證，全數買入認沽證；業績比預期好的話，便沽售所有的認沽證，全數買入認購權證，所以先付出少少保證費也是值得的，所謂的保證費，就是當業績好的時候，股價應該向上，那麼認沽證必然會有所損失，反之亦然，由於2020年第三季很可能是匯豐控股的轉角時間，所以必然在公告期前買入，但因為不可能百分之百肯定，所以唯有在兩個方向上投資，以相同的金額投資認沽權證，把握先機。

在這之前，我分三個均衡的注碼在業績公告前分三份買入，以防止業績公告前股價已有變動，而且當買入任何權證時，都會同時買入相反的權證，以保證能有效地對沖。

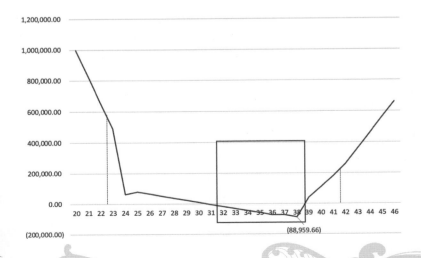

適逢匯豐控股的認購、認沽權證的對沖效果非常有效，我計算了組合的估算價格，然後制訂了一個預計最高虧損組合的模型——在正股價值落在31.5港元到38.5港元這區域時將會錄得虧損，而最大的虧損會在股價38港元的時候，虧損達88,959.66港元，即是14.79%。可是，如果股價大升至41.5港元，或大跌到22.5港元（即現價31.5港元時的10港元上下波幅），盈利就會有20多萬港元或50多萬港元，都能多於跌幅的損失。我認為匯豐控股的股價必然會有波動，而不只是窄幅上落，因為本身始終有很多大型的負面事件圍繞著它，所以要麼就是那些事件，包括中美角力的磨心、疫情或是大型企業倒閉令匯豐控股進一步撥備等事件影響更深遠，又或是業績公告遠勝預期，股價大升。但無論是哪種情況，都會令股價大幅波動。

投資匯豐控股認購認沽對沖策略的投資額

總投資額：HK$601,331.18

| HK$302,000.00 |
| HK$301,000.00 |
| HK$300,000.00 |
| HK$299,000.00 |
| HK$298,000.00 |
| HK$297,000.00 |
| HK$296,000.00 |
| HK$295,000.00 |
| HK$294,000.00 |
| HK$293,000.00 |
| HK$292,000.00 |
| HK$291,000.00 |
| HK$290,000.00 |

#13503 認購，HK$300,746.72

#28058 認沽，HK$300,584.46

Transaction summary 交易摘要

Securities ID 證券編號	Securities description 證券資料							
	Transaction date /Settlement date 交易日期 / 交收日期		Unit price 單位價格		Quantity 數量		Settlement amount 交收金額	
WARRANTS								
13503	GS-HSBC EC2212A (CASH) 高盛匯豐控股2022年12月認股證A (WTS)							
	06OCT2020	08OCT2020	HKD	0.05300	40,000		HKD	2,220.17
	Reference: PURMSL787065001	Type: PUR						
	08OCT2020	12OCT2020	HKD	0.05600	1,740,000		HKD	97,691.10
	Reference: PURMSL124784001	Type: PUR						
	12OCT2020	15OCT2020	HKD	0.05600	1,780,000		HKD	99,936.87
	Reference: PURMSL153827001	Type: PUR						
	23OCT2020	28OCT2020	HKD	0.06800	1,480,000		HKD	100,899.35
	Reference: PURMSL264867001	Type: PUR						
	27OCT2020	29OCT2020	HKD	0.07600	4,000,000		HKD	304,783.41
	Reference: PURMSL283734001	Type: PUR						
28058	MS-HSBC EP2104A (CASH) 匯豐摩利一四沽A (WTS)							
	06OCT2020	08OCT2020	HKD	0.16000	100,000		HKD	16,101.23
	Reference: PURMSL787072001	Type: PUR						
	07OCT2020	09OCT2020	HKD	0.15500	540,000		HKD	83,915.70
	Reference: PURMSL794014001	Type: PUR						
	12OCT2020	15OCT2020	HKD	0.15100	660,000		HKD	99,916.82
	Reference: PURMSL153937001	Type: PUR						
	15OCT2020	19OCT2020	HKD	0.17800	564,000		HKD	100,650.71
	Reference: PURMSL181836001	Type: PUR						
	27OCT2020	29OCT2020	HKD	0.09300	1,864,000-		HKD	172,905.27
	Reference: SALMSL715672001	Type: SAL						

我的投資帳戶：2020年10月

2020年10月27日中午，匯豐控股公告業績遠勝預期，管理層更在業績公告當天表示，將考慮再次派發暫停了的股息，市場一致確定匯豐控股最壞的時間已經過去了，股價在下午開市後立即飆升5%，我也即時把所有認沽證以市場價清空，防止「對沖成本」拉高，同時在現價加注約30萬港元在認購證上，以得到平均成本法。

匯豐認股證的對沖成本

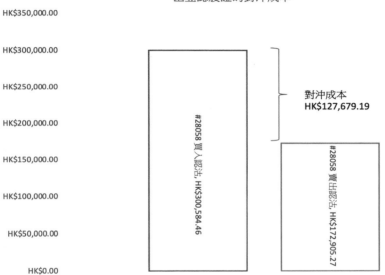

- HK$350,000.00
- HK$300,000.00
- HK$250,000.00
- HK$200,000.00
- HK$150,000.00
- HK$100,000.00
- HK$50,000.00
- HK$0.00

#28058 買入認沽, HK$300,584.46

#28058 賣出認沽, HK$172,905.27

對沖成本
HK$127,679.19

投資日誌
2020年10月27日

買入匯豐控股的認購證

買入#13503	購入	4,000,000股	換股比率：50
行使價：$36.41	到期日：2022年12月21日		
匯豐22年12月認購證@HK$0.076			HK$304,783.41
	總購入成本		HK$304,783.41

賣出匯豐控股的認沽證

賣出#28058	購入	1,864,000股	換股比率：10
行使價：$26.48	到期日：2021年4月29日		
匯豐21年4月認沽證@HK$0.093			HK$172,905.27
	總賣出價值		HK$172,905.27

2020年11月，疫情還沒有跡象會消失，看來整個2020年都需要伴隨著病毒，這亦是為什麼我建議要投資在特長年期的認股證上，因為沒有人能預測到疫情終結的時間。有朋友曾經取笑我買入匯豐控股而不是一些主流的新經濟股，但我認為如果想在投資中賺取更多回報，一定是投資在一次性風險時，影響最大的行業中能有實力渡過難關的公司，而我當時的判斷是銀行業為疫情下其中一個受到最大打擊的行業之一，畢竟銀行會面對很多不能渡過疫情的壞帳，但如果我投資在優質的管理層身上，營運上交托他們去想辦法渡過這災難性的難關，當經濟環境回復正常時，這些公司一般都有不錯的回報。

香港在2020年11月中旬迎來第四波疫情，新增個案破百，我們又再一次面對疫情的打擊，但在11月中下旬時，世界迎來了極度利好的消息，輝瑞稱已經研發出新冠病毒疫苗——復必泰，而且保護效用約為90%，並獲得美國食品及藥物監督管理局申請緊急使用授權，之後還有英國牛津研發的阿斯利康疫苗和中國的國藥和科興疫苗也爭先推出，但當前最大的問題就是疫情一下子傳出多個利好消息，而匯豐控股亦自第三季的業績公告後不斷攀升，在11月中時已經升穿了行使價而不斷接近40港元的水平。

於是，在輝瑞宣布成功研發疫苗後一星期，我立即把手上的認購股權證增加注碼，把投資額增加到200萬港元，但由於當時正值疫情第四波的高峰期，我也怕會像第三波時一樣令股票市場有所波動，所以保守的我也放了50萬港元以對沖200萬港元認購證的風險，雖然疫苗宣布研發成功，但始終也面臨著很多不確定的因素，例如物流、有效性以及採購等問題。

投資日誌

2020年11月25日

買入匯豐控股的認購證

買入#13503	購入 4,260,000股	換股比率：50
行使價：$36.41	到期日：2022年12月21日	
匯豐22年12月認購證@HK$0.162		HK$691,898.44

買入#13503	購入 20,000股	換股比率：50
行使價：$36.41	到期日：2022年12月21日	
匯豐22年12月認購證@HK$0.162		HK$3,440.26

買入#13503	購入 4,180,000股	換股比率：50
行使價：$36.41	到期日：2022年12月21日	
匯豐22年12月認購證@HK$0.167		HK$699,858.90

11月總購入成本　　　HK$1,395,197.60

投資日誌

2020年12月04日

買入匯豐控股的認購證

買入#13053 　　　　購入　　30,000股 　　　換股比率：50
行使價：$42.48 　　　到期日：2022年12月21日
匯豐22年12月認購證@HK$0.178 　　　　　　HK$53,400.00

買入#13053 　　　　購入　　420,000股 　　換股比率：50
行使價：$42.48 　　　到期日：2022年12月21日
匯豐22年12月認購證@HK$0.185 　　　　　　HK$77,700.00

買入#13053 　　　　購入　　2,100,000股 　換股比率：50
行使價：$42.48 　　　到期日：2022年12月21日
匯豐22年12月認購證@HK$0.190 　　　　HK$400,366.07

　　　　　　　　　　12月總購入成本 　　　HK$531,466.07

投資日誌

2020年12月04日

對沖匯豐控股的認沽證成本

買入#14085	購入	280,000股	換股比率：50
行使價：$42.48	到期日：2021年6月28日		
匯豐21年6月認沽證@HK$0.107			HK$30,062.31

買入#14085	購入	4,840,000股	換股比率：50
行使價：$42.48	到期日：2021年6月28日		
匯豐21年6月認沽證@HK$0.104			HK$504,657.16

總購入認沽證　　　　　　　　　　HK$534,719.47

賣出#14085	賣出	280,000股	換股比率：50
行使價：$42.48	到期日：2021年6月28日		
匯豐21年6月認沽證@HK$0.083			HK$23,138.21

賣出#14085	賣出	4,840,000股	換股比率：50
行使價：$42.48	到期日：2021年6月28日		
匯豐21年6月認沽證@HK$0.090			HK$1,800.00

賣出#14085	賣出	4,840,000股	換股比率：50
行使價：$42.48	到期日：2021年6月28日		
匯豐21年6月認沽證@HK$0.089			HK$427,869.88

總賣出認沽證　　　　　HK$452,808.09
對沖成本　　　　　　　HK$81,911.38

匯豐#13503的投資組合金額：

10月買入	9,040,000認股證@HK$0.067	HK$605,530.13
11月買入	8,460,000認股證@HK$0.165	HK$1,395,197.60
12月買入	2,820,000認股證@HK$0.188	HK$531,466.07

總計：20,320,000認股證@HK$0.125　　　　　　HK$2,532,193.80

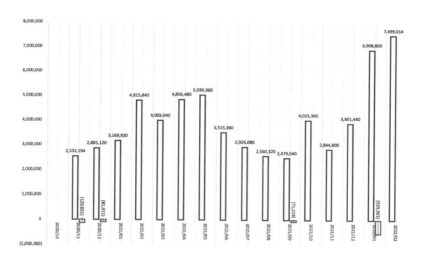

我分別在2020年10月到12月期間，累計投資了250萬港元在匯豐控股的認股權證上，總權證股數為2,032萬股，因為我覺得之前做得不好是由於投資的金額比較大，現在的投資額是買正股時的一半，加上有對沖的準備，所以能放膽地投資。

2021年2月時，匯豐控股的股價一度攀上了當時的高位，達47港元水平，當時我認為匯豐控股已經沒有太大的不利因素，加上成功研發疫苗，甚至全球也在研究氣泡旅遊的可能性，我覺得整個疫情算

得上告一段落。當時，我的投資組合已經超過480萬港元，我認為回落到之前250萬港元的本金以下或者跌穿行使價36.41港元的機會不高，加上持有的認購證到期日為2022年12月，還有差不多兩年的時間，我深信疫情終有一日會告一段落，所以希望能持有這認股證直至完全通關。

除了在一開始不確定匯豐控股的走勢外，我分別在2021年9月和2022年1月也做多了兩次對沖。

2021年5月，我的投資帳戶顯示我的認股權證已經賺上一倍，而且息率正逐步上升，銀行企業的主要收入是利息差，利息上行必定會對盈利有正面影響，因為同一金額下，利息升高，銀行便能賺多一點錢。

資料來源：美國最優惠利率（US Prime Rate）和美國居民消費物價指數（CPI）

自2021年5月通脹主要指標美國居民消費物價指數（CPI）已經開始不斷攀升，觸發美國10年期國庫債券的孳息率上升，10年期國庫債券孳息率上升源於市場認為通脹已經開始升溫，美國聯儲局將會實施貨幣緊縮政策以抗衡將會來臨的通脹，所以趕緊把持有的債券沽售，以期待買入未來有更高回報的債券，反映利息很大機會會上升，對於銀行股造成很大支持。

雖然加息對銀行股絕對有利，但對其他股票來說就絕非好消息，加上在美國通脹升溫的同時，內地亦在同一時間作出多方面的行業調控，首先是內房債務危機，最先爆出危機的是恆大、然後到佳兆業、花樣年等大型內房股先後出事，繼而到手機遊戲、網紅規管，及後的教育板塊雙減政策都把恆生指數推至新低，由2021年5月的29,000點，回落到同年9月的24,000點水平，大市氣氛極差，匯豐控股亦一度由2021年5月的高位50.80港元回落到9月的38.30港元水平，把我的投資完全打回原形。

	2021	2020	2019	2018	2017	2016
淨利息收益	13,098	14,509	15,240	15,100	13,777	15,760
費用收益淨額	6,674	5,926	6,124	6,767	6,491	6,586
持作交易用途或按公允值予以管理之金融工具淨收益	4,184	5,768	5,331	4,883	5,935	5,885
按公允值計入損益賬之保險業務資產和負債(包括相關衍生工具)淨收益/(支出)	2,795	(1,290)	2,196	(222)		
指定債務及相關衍生工具之公允值變動	(67)	197	88	(126)		
強制性按公允值計入損益賬之其他金融工具之公允值變動	548	80	457	345		
金融投資減除新損益增益	433	466	239	165	740	1,029
保費收益淨額	5,663	5,020	6,323	5,776	4,811	5,356
其他營業收益	155	471	2,034	359	526	644
營業收益總額	33,483	31,147	38,032	33,047	32,280	35,260
已支付保險賠償和利益及投保人負債變動之淨額	(7,932)	(4,402)	(8,660)	(5,760)	(6,114)	(5,790)
未扣除預期信貸損失及其他信貸減值準備變動之營業收益淨額	25,551	26,745	29,372	27,287	26,166	29,470
預期信貸損失及其他信貸減值準備變動	719	(6,858)	(1,140)	(407)	(663)	(2,366)
營業收益淨額	26,270	19,887	28,232	26,880	25,503	27,104
營業支出總額	(17,045)	(15,239)	(17,149)	(17,549)	(16,443)	(18,628)
Impairment of Goodwill	(42)	(1,288)				
營業利潤	9,183	3,360	11,083	9,331	9,060	8,476
應佔聯營及合資公司利潤	1,656	958	1,324	1,381	1,183	1,238
除稅前利潤	10,839	4,318	12,407	10,712	10,243	9,714
稅項支出	(2,417)	(1,193)	(2,470)	(2,296)	(2,195)	(2,291)
本年度利潤	8,422	3,125	9,937	8,416	8,048	7,423
Basic EPS	0.36	0.1	0.42	0.36	0.35	0.32
Diluted EPS	0.36	0.1	0.42	0.36	0.35	0.32
Dividend per ordinary Share	0.15	0	0.31	0.31	0.31	0.31

資料來源：我的手稿計算，2018年至2021年匯豐控股的中期業績及年報。

2021年8月，匯豐控股公告中期業績，盈利大升1.5倍，而且恢復派息，遠勝預期。最值得關注的是，雖然2021年匯豐控股的利息和費用收益比2020年下跌，但正如我之前的分析，預期信貸損失開始回撥，由2020年中期撥備68.58億美元變成了2021年的7.19億美元，而且在2021年的中期業績中，匯豐控股的利潤為84.22億美元，其中的75.77億美元就是2020年和2021年預期信貸損失的差距（即2020年預期信貸損失68.58億美元和2021年預期信貸損失7.19億美元），這就是之前分析出來的預期，也是我為什麼有信心投資於匯豐控股的原因。

雖然匯豐控股的中期業績超乎理想，但由於大市氣氛非常差，加上外圍因素，導致短期波動非常大，匯豐控股的股價差不多跌回到我的買入價，但當時我認為大市下跌只是一個市場波幅，與匯豐控股的基本面根本上無大關係，在匯豐控股追隨大市下跌期間，我翻查以往息率的變化——上一次美國10年期國庫債券孳息率提升已經是2016年到2018年的事情，由2016年7月的1.503%上升到2018年10月的3.163%，匯豐控股的股價由2016年7月的46.85港元上升到2018年1月最高的85.70港元，但後來從高位跌回到2018年10月的60.50港元水平，說明了利率上升就是匯豐控股的關鍵信息，能推動股價上升。

資料來源：雅虎財經

但同時我綜合出一個現象，當國庫債券處於最高位時，並不是銀行股股價的最高位，反而如果等到孳息率升至最高時才考慮賣掉手上的銀行股，便可能錯過了高位賣貨的機會。不過與其說利息是銀行股的關鍵，匯豐控股也同樣受大市影響，匯豐控股在2018年時的回落，正正在中美貿易戰開打之時，所以這次的2021年美國居民消費物價指數CPI急升，利息的升幅可能也會跟上升，而且速度可能比之前的更快更急。一般而言，利息上升對整體大市而言是一個利淡消息，我不知道當時匯豐控股的股價下跌，是不是已經從以往的高位回落，所以在2021年9月，我運用了投資組合內大約五分一的資金，即50萬港元，買入認沽證#18507來對沖近期股價波動的風險。

我再重申一點，對沖主要是因為看好股票的長遠前景但受到大市短期波動的影響，所以才作對沖。如果本身不看好該企業的前景，那就直接賣出股票，不用做無謂的對沖，因為對沖的成本也不少，例

如這次的對沖又花了我7萬多港元。

WARRANTS								
18507	SG-HSBC EP2112A (CASH)	滙豐法興一乙沽A	(WTS)					
	13SEP2021	15SEP2021	HKD	0.27000		740,000	HKD	200,314.88
	Reference: PURMSL405900001		Type: PUR					
	21SEP2021	24SEP2021	HKD	0.40000		760,000	HKD	304,783.41
	Reference: PURMSL520672001		Type: PUR					
	24SEP2021	28SEP2021	HKD	0.29000		1,500,000-	HKD	433,879.00
	Reference: SALMSL339109001		Type: SAL					

我的投資戶口：2021年9月

買入#18507　　　　　購入　1,500,000股　　　換股比率：10
行使價：$42.00　　　到期日：2021年12月22日
匯豐21年12月認沽證@HK$0.3367　　　　　　HK$505,098.29

賣出#18507　　　　　賣出　1,500,000股　　　換股比率：10
行使價：$42.00　　　到期日：2021年12月22日
匯豐21年12月認沽證@HK$0.2900　　　　　　HK$433,879.00

　　　　　　　　　　　　　　　　　　對沖成本HK$71,219.29

其實以7萬多的成本對沖250萬港元的投資組合是相對少的金額，所以在選擇認股證時，一般都會選擇比較短的到期日，而且在價外的，因為當大市真的急跌時，認沽證的升幅需要比認購證的跌幅為大，才能做到有效的對沖，試想像一下，我用五分一的投資金額對沖現有的投資組合，當大市下跌時，要做到百分百對沖，認沽證的升幅必然是現有組合的5倍跌幅，但我絕對不追求100%的對沖保護，而對沖對我來說是一種防止重大虧損而轉移風險的重要工具，就像買保險一樣，我會選擇把一些「因身體狀況的改變而引致重大損失」的風險轉移給保險公司，但其餘比較小型的風險，我會選擇「保留風險」，即我能承受當風險出現時所產生的損失。

講到對沖成本，莫過於我在2022年1月做的50萬港元對沖，當時我的匯豐控股認購證已經到達了接近700萬港元的金額，差不多是買入時的三倍，2022年1月時匯豐控股又曾無緣無故地由高位58港元下跌到50.50港元水平，雖然正股的波幅不是很大，但對於我的認股權證來說，實際金額波動是上百萬元的。如果以我的做法，用五分一的組合金額來做對沖的話，要用上140萬港元才足夠對沖，是我一般對沖金額的接近三倍，我當時覺得成本太貴了，所以選擇了更進取的衍生工具——牛熊證。

牛熊證是衍生工具的一種，跟認股權證的投資規則差不多，也有行使價、到期日、換股比率等元素，唯一不同的，就是牛熊證多了一個「收回價」的元素，即是如果正股價格觸碰到收回價的話，就會馬上停止買賣，投資金額亦會全數虧損，簡單來說，牛熊證和我的投資理念在根本上便有衝突，因為牛熊證不能持有，即使我有持貨能力，但由於投資工具的限制，到價會即時回收，所以不能有效地利用長期持有股票去避免市場的波幅，因此我一般都不會選擇投資牛熊證，但牛熊證也有其好處，因為有回收的可能性，所以並沒有像認股權證的「時間值」，一般投資者都認為時間值是市場或發行商所標示的價格，因為完全是發行商的主觀判斷，所以可以非常的不合理，所以投資者一般認為牛熊證較為公平，但亦是由於有收回價的關係，波幅也會更大。

2022年1月，美國還沒有加息、中國還未通關之時，我所持有的認購證還有差不多一年才到期，所以我憧憬會有更大的升幅，於是決定運用50萬港元，利用熊證的優勢對沖我現有的700萬港元認購權證組合。

買入#69535　　　購入　8,000,000股　　換股比率：100
行使價：$57.00　　收回價：$56　　到期日：2023年2月8日
匯豐控股23年2月熊證@HK$0.066　　　　　HK$529,361.45

行使價 $57.00

收回價 $56.00

現價 $50.50

$$行使價 - \frac{「現在」正股價（相關資產）}{換股比率} + 買賣差價$$

當正股觸碰到收回價$56，熊證的價值會立即變零

WARRANTS 13503	GS-HSBC EC2212A (CASH) 高盛匯豐控股2022年12月認股證A (WTS)					
	20,320,000	20,320,000	HKD	0.34000	HKD	6,908,800.00
			Total portfolio value		HKD	7,649,220.00

Transaction summary 交易摘要

Securities ID 證券編號	Securities description 證券資料			
	Transaction date /Settlement date 交易日期 / 交收日期	Unit price 單位價格	Quantity 數量	Settlement amount 交收金額
LOCAL EQUITIES 69535	UB HSBC RP2302B (CBBC) 匯豐瑞銀三二熊B (UNT)			
	25JAN2022　27JAN2022　HKD	0.06600	8,000,000	HKD　529,361.45
	Reference: PURMOH246805001　Type: PUR			

我的投資帳戶：2022年1月

瑞士銀行（「發行人」），經由其倫敦分行行事，現通知如下。根據牛熊證的條款及條件（「條件」），牛熊證於2022年02月04日（「強制贖回事件日」）09時20分12秒（「強制贖回事件時間」）開市前時段內發生強制贖回事件（「強制贖回事件」），聯交所亦於發生強制贖回事件後停止牛熊證的買賣。

在條件的約束下，牛熊證已被終止及牛熊證將於強制贖回事件日營業時間結束後被撤銷上市。

發行人將會向每位牛熊證持有人支付剩餘價值(如有)。任何剩餘價值將會按照條件於結算日支付。

牛熊證持有人的所有權利，以及發行人有關牛熊證的責任，均會於剩餘價值(如有)支付後隨即告終。

資料來源：港交所披露易-股票代號69535瑞士銀行發行的可贖回牛熊證之強制贖回事件及提早到期通告節錄

不知道是好運還是不好運，當購入了熊證作對沖準備時，匯豐控股正股的股價已回升起來，由我買入熊證的1月25日到2月4日，中間不到十個交易日，匯豐控股便一口氣由50港元的低位，回升至56港元的收回價，那時我認為市場開始跟我的假設一樣：等加息、等開關、等疫情完結，然後股價扶搖直上，可能讀者會覺得花了很多錢在對沖身上是有點貴和不值得，但我沒有後悔這樣做，因為以當時風聲鶴唳的環境，沒有人知道未來會發生什麼巨大的改變，要保住勝局的話，小小的犧牲也在所難免。

16.11　俄烏戰爭

2022年2月24日，中午12點，我還在家中躲避Omicron的威脅，新聞報道突然變得神色凝重起來，畫面轉換到烏克蘭的上空，第一下槍聲揭開了俄烏戰爭的序幕，投資市場上永遠有很多事情我們沒有辦法預知的，我們這一代沒有經歷過戰火的洗禮，亦不知道戰爭會帶來多大的變數，而我只知道戰爭發生在歐洲地區而且牽涉到像俄羅斯這樣大型的國家，不知道會對經濟或任何企業有怎樣的影響，所以我定性這樣的事情為關鍵信息，而且跟疫情一樣，不知道在什麼時候終結，加上我當時的認股權證組合已經很巨大，即使明知很快便會通關、疫情也將會過去、利息亦會加起來，但在2022年2月24日下午開市時，我仍然選擇沽清我所有的匯豐控股認股權證。

Transaction summary 交易摘要

Securities ID 證券編號	Securities description 證券資料			
	Transaction date /Settlement date 交易日期 / 交收日期	Unit price 單位價格	Quantity 數量	Settlement amount 交收金額
LOCAL EQUITIES				
69535	UNTRADE-UB HSBC RP2302B(CBBC　匯豐瑞銀三二熊B　(UNT)			
	09FEB2022　　09FEB2022	N/A	8,000,000-	
	Reference: CORMOH700711000　　Type: CWN　COR DELIVERABLE			
WARRANTS				
13503	GS-HSBC EC2212A (CASH)　高盛匯豐控股2022年12月認股證A　(WTS)			
	24FEB2022　　28FEB2022	HKD　0.37000	20,320,000-	HKD　7,499,013.80
	Reference: SALMOH301968001　　Type: SAL			

我的投資帳戶：2022年2月

16.12　失控的通脹

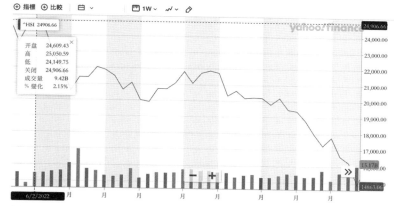

資料來源：雅虎財經

俄烏戰爭完全摧毀了我的部署，本來以為純粹靠匯豐控股已經可以為我帶來一筆可觀的收入，當然，在疫情當中得到現時的盈利已算是很不錯了，更令我感到安慰的是，當我沽清所有的認股權證之後，大市便一直向下，恒生指數由接近25,000點水平，下跌到10月底的14,863點，主要原因是由於美國通脹失控，美國消費者物價指數不斷破頂，更一度升到9.1%，是四十年來通脹最高的時候，歐洲的經濟和通脹也好不了多少，戰爭推高了食品和原油價格，美國聯邦儲備局完全處於被動狀態，只能一直加息以對抗通脹，將通脹率由現時的9.1%回落到目標的2%。

我分析當前的局勢，剛剛完結的疫情為經濟帶來沉重打擊，就像個大病初癒的老人一樣，但現在又要面對另一項經濟危機，可謂屋漏兼逢連夜雨，我估計聯儲局的策略是想盡快把通脹率回落到目標

2%的水平，所以加息速度要快之餘，也要加得猛，用盡一切方法把通脹壓下去。

因此，我認為美國經濟很大機會會步入衰退，因為只有衰退，經濟才會收縮得更快，而短期的經濟收縮希望不會造成嚴重的打擊，所以聯儲局不斷給予市場心理準備，認為面對當前的局勢，「軟著陸」的機會率是微乎其微，所謂「軟著陸」的意思就是解決高通脹的問題同時又不損害經濟，這個需要長時間地把息率慢慢向上調，但顯然是解決不了當前高通脹急升的問題。

資料來源：美國最優惠利率（US Prime Rate）和美國居民消費物價指數（CPI）

其實早在2014年10月，美國完成了第三次的量化寬鬆，之後有見市場的通脹開始惡化，所以在2015年12月開始把息率調升，結束了多年來的超低利率政策，慢慢把息率逐步提升，那時就是希望以更溫和的手法去把通脹不知不覺地處理掉。可惜的是這個如意算盤未能打響，一場疫情完全摧毀了美國聯儲局的部署，更以第四次量化寬鬆來拯救差不多倒下的美國經濟。

由2015年開始的通脹加上疫情下的第四次量化寬鬆造成的物價飛漲後果，一次過在2022年開始埋單，所以現時每次加息都必然是加得快和加得猛，一次過把抗通脹的時間表由2015年到2023年的八年時間縮短到2022到2023年的一年間完成，解決通脹已經刻不容緩，因為已經足足拖延了八年，所以這麼猛烈的加息必然會導致美國經濟急劇衰退，對上一次的經濟衰退就是2008年金融海嘯，必然會有大型企業倒閉，今次也是一樣，人類的歷史總是循環發生，只是今天倒下的企業不是叫雷曼而已。這樣的話股票市場必然會下跌，加上香港是一個開放型的經濟，所以也有所牽連，但今次我並沒有如2020年疫情時一樣投資於股市下跌，因為在2022年仍然有一個重大的利好消息，就是全世界全面通關，包括中國。在將會全面通關這類巨大利好消息的前提下，我不敢投資於大市下跌，既然時機不成熟，亦沒有明顯的大市方向，選擇忍耐是最佳的做法，而且投資是為了賺取回報，不是為了入市，不是每分每秒在市場當中才是賺取最佳回報的做法，正如一對足球隊必然會有前鋒和後衛，進攻的戰術和防守的戰術可以一樣奏效，贏取各項殊榮。

自俄烏戰爭之後，我一直在等待一個機會，2022年6月，美國開始進取地把息率上調，每次加息0.75%，立即推跌環球市場，我沒有急於在第一次加息0.75%時入市，是因為已經有很多的資訊，包括美國聯儲局的官員都表明不會在加息0.75%後便停止進取的貨幣緊縮政策，當然加息背後也使消費者物價指數慢慢回落，所以每次加息之後的數據是關鍵，但市場的方向也非常模糊，因為一方面加利息可控制通脹，另一方面市場亦怕加息的速度過快會導致美國經濟衰退，所以不論數據是傾向擴張經濟或是收縮經濟，都有可能令到大市向下或者向上，如果數據傾向經濟收縮，例如非農業新增職位指數向下的話，意味著通脹得以控制，加息周期有望在短期內完結，但亦會加劇經濟衰退，所以這段時間入市的風險非常大。

然而，我也提過投資最重要的是要捕捉到經濟的轉角，因為這種進取的加息手法只會影響一時，而且加息是會有完結的一天，情況就像疫情一樣，如果加息周期將近完結，但疫情還沒有完結的話，就是最好的處境了，我決定在第三次加息之後，再評估大市的升跌，當第三次宣布加息0.75%時，我看看恆生指數會否回落到一個新低，而其反彈的時間正正就是我認為的入市良機，同樣地，這次我亦會以三次的均注來投入市場。

應用之前的選股策略，我會選擇跟大市極度相關的股票作為我今次的投資選擇。

17

疫情中第四次買賣—友邦保險

投資日誌
2022年10月至11月

買入友邦保險的認購證

買入#24740　　　　購入　　12,500,000股　　換股比率：50
行使價：$74.00　　到期日：2023年12月28日
友邦23年12月認購證@HK$0.093　　　　　HK$1,165,497.51

買入#24740　　　　購入　　6,500,000股　　換股比率：50
行使價：$74.00　　到期日：2023年12月28日
友邦23年12月認購證@HK$0.155　　　　　HK$1,010,097.84

買入#24740　　　　購入　　10,000,000股　　換股比率：50
行使價：$74.00　　到期日：2023年12月28日
友邦23年12月認購證@HK$0.200　　　　　HK$2,005,157.00

　　　　　　　　　　總購入成本　　　　HK$4,180,752.35

17.1　買入的時機

觀察友邦保險的走勢多年，我永遠會在友邦保險股價位處70港元以下時投資，因為那正正是友邦保險被嚴重低估的時期，正如我2020年第一次投資友邦都是在股價60港元左右的水平，這次重臨60港元水平時，我認為是一個絕佳的機會等待恆生指數明顯反彈。

2022年10月24日，香港恆生指數已經由高位接近25,000點的水平，回落到14,000點左右，然後立刻開始反彈，升穿了15,000點，我判斷這是買入的良機。坦白説，上一次恆生指數跌到14,000點水平時，已經是2009年的金融海嘯，距離當日足足有十三年之久，所以我認為，即使再下跌的話也不可能超過10%吧，現在正是買入的時機了！

Transaction summary 交易摘要

Securities ID 證券編號	Securities description 證券資料			
	Transaction date /Settlement date 交易日期 / 交收日期	Unit price 單位價格	Quantity 數量	Settlement amount 交收金額
WARRANTS 24740	CT-AIA EC2312B (CASH) 友邦花旗三乙購B (WTS)			
	24OCT2022　26OCT2022　HKD	0.09300	12,500,000 　HKD	1,165,497.51
	Reference: PURMOH601597001　Type: PUR			

我的投資帳戶：2022年10月

本身我借助平均成本法，一開始規劃分五個星期以均衡注碼去投資，預算為500萬港元左右，我在第一個星期以0.093港元買入認購權證#24740，當時友邦保險正股的股價大約是63港元左右，其後的一個星期，股價升得很急，我判斷友邦保險正股70港元以下的都可以入市，第二次購入認股權證時，其價格已經升至0.155港元，比第一個星期買入時增長了67%，之後一星期後，友邦保險股價繼續向上，達到了69港元水平，我認為機不可失，所以一次過把200萬港元左右的資金投資下去，其買入價為0.20港元。在這

次投資在友邦保險的認股權證上，我一共運用了400萬港元的資金，買入了2,900萬股權證，本來希望把剩下的100萬港元再在另一個星期再買入。

Transaction summary 交易摘要

Securities ID 證券編號	Securities description 證券資料			
	Transaction date /Settlement date 交易日期 / 交收日期	Unit price 單位價格	Quantity 數量	Settlement amount 交收金額
WARRANTS 24740	CT-AIA EC2312B (CASH) 友邦花旗三乙膊 B (WTS)			
	07NOV2022　09NOV2022　HKD	0.15500	6,500,000	HKD　1,010,097.84
	Reference: PURMOH703930001　Type: PUR			
	11NOV2022　15NOV2022　HKD	0.20000	10,000,000	HKD　2,005,157.00
	Reference: PURMOH744436001　Type: PUR			

我的投資帳戶：2022年10月

17.2　認股證的發行量

可是突然之間我發現了一個問題——這隻認股權證的發行量比想像中少，原來我不經不覺已佔有了認股權證發行量的超過70%，在街貨量2,990萬股中我獨佔了2,900萬股，雖然我不認為當中有什麼問題，儘管我把全部發行的權證都買下來，發行商也需要提供流通量給我作買賣，以及在合理時間內出價，但我始終還未試過把發行商所有流通的權證買下來的經驗，不知道有沒有什麼風險，所以我不敢在這隻認股證上增持更多，反正於我看來，400萬港元跟500萬港元也差不了多少。那就等待股票升值，希望在疫情的尾聲再賺一筆可觀的回報。

資料來源：aastock.com（2022年11月14日）

17.3　等待時機的重要性

值得一提的是，我認為在2020年時沒有把握到友邦保險在低位時的機會實在是太可惜了，這成為了我個人的情意結，早在2021年9月時，因為內地調控政策和內房股出事，恆生指數由高位超過30,000點回落到24,000點，當時我也覺得是一個良好的機會，於是便買了6,800股友邦保險的正股。可是，原來恆生指數24,000點低處未算低，在美國通脹升溫和內地政策兩面夾擊之下，恆生指數在10月時進一步下跌至最低時的14,000點水平。

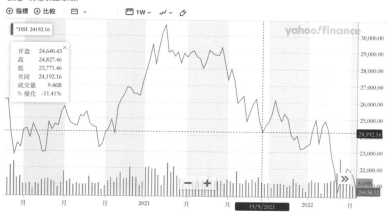

資料來源：雅虎財經

Transaction summary 交易摘要

Securities ID 證券編號	Securities description 證券資料		Unit price 單位價格		Quantity 數量	Settlement amount 交收金額	
	Transaction date /Settlement date 交易日期 / 交收日期						
LOCAL EQUITIES							
01299	AIA 友邦保險控股有限公司 (SHS)						
	13SEP2021	15SEP2021	HKD	94.00000	3,200	HKD	301,967.16
	Reference: PURMSL406072001		Type: PUR				
	20SEP2021	23SEP2021	HKD	83.30000	3,600	HKD	301,042.79
	Reference: PURMSL508340001		Type: PUR				

我的投資帳戶：2021年9月

幸運地的是，在2021年時，友邦保險當時從最高位的105.80港元回落到94港元和83.3港元水平，我已經覺得可以買入，不過當時始終不是明顯的買入時間，所以我還是選擇小注買入正股，這也是個學習機會，在不是明顯的價位買入，輸的機會極高。幸運當時我只買了正股，可以一直持有，其實遇上好壞參半的價位時，買入又不會買太多，繼而賺錢又不會賺太大，那倒不如不買，直接保留實力到有明顯機會時才投入資金，不但能增加贏的概率，還可以有更大的回報。

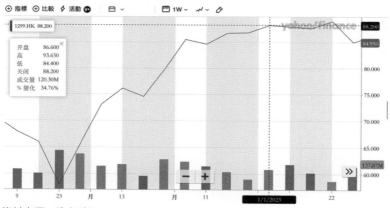

資料來源：雅虎財經

說回我在2022年10月至11月時買入了友邦保險的認股權證，沒想過這次投資史無前例地順利，每一次投資都會遇到不同的困難也是正常的，但今次投資於友邦保險，一買下來便不斷飆升，在短短一個月內，由最低位的60港元左右，升到超過80港元水平，就算是投資正股，其升幅都超過30%，何況我投資的是具有槓桿效果的認股證投資！

Portfolio details 投資組合詳情

Securities ID 證券編號	Securities description 證券資料						
	Portfolio holdings 投資組合						
		The opening balance 期初結餘	The closing balance 期末結餘	Market unit price 單位市價		Market value 市值	
LOCAL EQUITIES							
01299	AIA 友邦保險控股有限公司 (SHS)						
		6,800	6,800	HKD	78.50000	HKD	533,800.00
WARRANTS							
24740	CT-AIA EC2312B (CASH) 友邦花旗三乙購B (WTS)						
		12,500,000	29,000,000	HKD	0.27000	HKD	7,830,000.00
				Total portfolio value		HKD	8,363,800.00

我的投資帳戶：2022年11月

其實我在11月中時才把所有的投資額，即400萬港元完全投放在市場之中，完成買入友邦保險的認股權證，但到11月底時已升值了差不多一倍，但早前所買入的正股持有了超過一年還是未回到家鄉，又一次證明了投資時機的重要性，比起不斷投放金錢到市場上更容易和更快賺錢。

Transaction summary 交易摘要

Securities ID 證券編號	Securities description 證券資料				
	Transaction date /Settlement date 交易日期 / 交收日期		Unit price 單位價格	Quantity 數量	Settlement amount 交收金額
LOCAL EQUITIES					
01299	AIA 友邦保險控股有限公司 (SHS)				
	29DEC2022　03JAN2023	HKD	85.00000	6,800-	HKD 576,046.62
	Reference: SALMOH556842001	Type: SAL			
WARRANTS					
24740	CT-AIA EC2312B (CASH) 友邦花旗三乙購B (WTS)				
	29DEC2022　03JAN2023	HKD	0.36000	29,000,000-	HKD 10,418,300.46
	Reference: SALMOH556804001	Type: SAL			

我的投資帳戶：2022年12月

12月底時，友邦保險的股價跟隨恆生指數的急升而上升，然後徘徊在85港元到90港元的水平，由於我的投資組合已經超過了1,000萬港元，加上我開始擔心美國的經濟會因為長期加息而導致衰退，如果美國經濟真的衰退了的話，參考2008年的金融海嘯，市場最少會下跌一半。縱然2022年底時中國和香港還未通關，但我懷疑市場已偷步炒起了通關時間的利好消息，因為有很多報道皆指出中國和香港會在2023年2月初全面通關，但我不知道把認股權證和股票持有至長假期後會有什麼變化，所以我最終選擇於12月29日沽清所有認股權證和股票。

資料來源：aastock.com

2022年12月29日，認股權證#24740的成交價，我包辦了全數成交股數2,900萬股和1,004萬港元的成交金額。

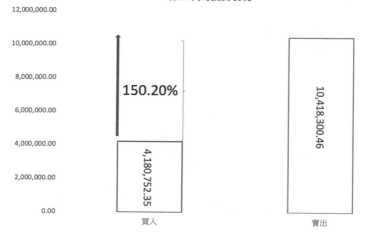

投資日誌：2022年12月29日，投資友邦保險的回報
第四次的投資表現

財富，我們都可以創造。
送給還在
創造財富路上努力的你。

18
疫情中的交易盈利

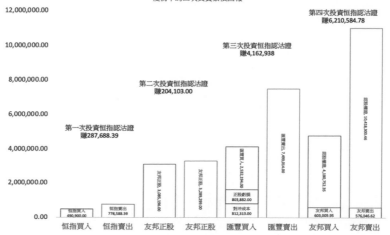

疫情中的四次買賣累積回報

第一次投資恒指沽證
賺287,688.39

第二次投資恒指沽證
賺204,103.00

第三次投資恒指沽證
賺4,162,938

第四次投資恒指沽證
賺6,210,584.78

金額	
12,000,000.00	
10,000,000.00	
8,000,000.00	
6,000,000.00	
4,000,000.00	
2,000,000.00	
0.00	

恒指買入 恒指賣出 友邦正股 友邦正股 匯豐買入 匯豐賣出 友邦買入 友邦賣出

恒指買入 490,900.00
恒指賣出 778,588.39
友邦正股 3,085,196.00
友邦正股 3,289,299.00
匯豐買入 2,532,194.00
正股虧損 803,882.00
對冲成本 812,313.00
匯豐賣出 7,493,014.00
友邦賣出 4,180,752.35
友邦買入 603,009.95
友邦認購權證 10,618,300.46
友邦賣出 576,046.62

財富，
就是這樣創造出來，

送給還在
創造財富路上努力的你。

後記

受人以魚，不如受人以漁

如果今天我給你一個股票號碼，你會怎樣投資？把你的所有財富全放在一個意見身上，還是小注碼地投資？我認為兩個做法都不是一個最佳的選擇，因為相信一個意見然後把整個財富放在一個股票號碼身上，你除了知道股票號碼外，那間企業的營運模式以及研究的假設、風險的承受程度每個人都有所不同，這樣的話很容易被市場波幅影響到你的持貨能力，很容易造成虧損。另一方面，如果每次都是小注碼地投資，不管升值的百分比是多少，實際金額增值都是小注碼，那樣也做不到財富增值的效果，只能當作是一種娛樂而已。

財富增值的最有效方法，就是完全了解當中的運作，學習如何做股票分析和評估，然後嘗試做功課，當面對市場波幅時，自己去了解一下為什麼企業股票會向上或向下，做出來的效果就會截然不同。從股票市場中累積經驗，假以時日，你必然會做到和我相同的效果。

股票市場的原理，其實中國兩千多年的哲學著作《老子》已有解釋——「人法地，地法天，天法道，道法自然，跟隨自然法則」，而自然法則就是物極必反：

光明的背後，就是黑暗；黑暗的背後，就是光明。
皮球從越高的地方掉下，反彈的力度便會越大。
暴風雨的前夕總是平靜。
春生，夏長，秋收，冬藏。

讓我們一起迎上富足的人生。

Marcy

以「輪」擊石

作　　者	Marcy Chan	
插　　畫	Ami Sze	

責任編輯	Chorsei
校　　對	Mia Chan
設　　計	仁桀

出　　版	夢企劃出版有限公司
查　　詢	dreamplannereditor@gmail.com
網　　頁	https://www.dreamplannerpublishing.com/

承　　印	嘉昱有限公司
地　　址	九龍新蒲崗大有街26-28號天虹大廈7字樓

發　　行	一代匯集
地　　址	九龍旺角塘尾街64號龍駒企業大廈10樓B&D室
查　　詢	(852) 2783 8102

出版日期	2023年7月初版
國際書碼	978-988-77827-7-3

Published and Printed in Hong Kong

免責聲明：
本書所有內容與相片均由作者提供，及爲其個人意見，並不代表本出版社立場。
書刊內容及資料只供參考，讀者需自行評估及承擔風險，作者及出版社概不負責。